Halvar Beck
Fjord

Das Buch

Ein kleines, abgelegenes Dorf im norwegischen Briskefjord wird abrupt aus seinem Tiefschlaf gerissen: Die Tochter des Bürgermeisters ist tot. Ihre Leiche treibt mit gespaltenem Schädel im Fjord. Der junge Polizist Hetland war zuletzt mit ihr zusammen, sein Vorgänger hilft bei der Aufklärung. Keine leichte Aufgabe, denn viele im Ort hätten ein Motiv gehabt, die junge Versuchung aus dem Weg zu räumen. Während man verzweifelt auf Verstärkung aus Trondheim hofft, überschlagen sich die Ereignisse: Ein Haus geht in Flammen auf, Menschen verschwinden spurlos. Wer inszeniert dieses grausame Spiel?

Der Autor

Halvar Beck wurde 1975 geboren und schreibt seit 2007 hauptberuflich. Der Autor hat eine Vorliebe für atmosphärische Spannungsliteratur, die menschliche Abgründe offenbart und ihre Leser bis zum Ende mitfiebern lässt. Sein erster Thriller »Fjord« wurde schon kurz nach Erscheinen zum Bestseller. Privat ist Halvar Beck leidenschaftlicher Wanderer und Naturfreund.

HALVAR BECK

FJORD

THRILLER

Die Originalausgabe erschien 2013 unter dem Titel »FJORD« im
Selbstverlag.

Veröffentlicht bei
Edition M, Amazon Media E.U. Sàrl
5 Rue Plaetis, L-2338, Luxembourg
Juni 2017
Copyright © der Originalausgabe 2013
By Halvar Beck

Umschlaggestaltung: semper smile, München, www.sempersmile.de
Umschlagmotiv: © Ivan Zanchetta
Lektorat: Verlag Lutz Garnies, Haar bei München, www.vlg.de
Printed in Germany
By Amazon Distribution GmbH
Amazonstraße 1
04347 Leipzig, Germany

ISBN 978-1-542-04597-1

www.amazon.de/editionm

PROLOG

Fjord.
Berge und Meer.
Ausgesperrt.
Eingesperrt.
Meinem Willen unterworfen.

Schneewittchen ...

Hier liegst du vor mir, mit weit aufgerissenen Augen. Hast du dich gewundert? Ja, die Überraschung steht dir für immer ins Gesicht geschrieben.

Wie viel Blut in dir war!

Wie weiß du nun bist!

Nur das Rot der Rose glüht weiter.

Ich bringe dich raus, in den Fjord. Dort wirst du treiben. Das Meer wird dich waschen. Dich zurücktragen. Man wird dich finden.

Und dann geht es los.

Wer hatte, wird verlieren.

Wer Rat wusste, wird Fragen stellen.

Wer vertraute, wird mit dem Finger auf andere zeigen.

Ihr glaubt, ihr seid sicher? Der Fjord eure Festung? Ihr werdet euch wundern!

Fürchtet euch, denn eure Zeit ist gekommen!

1

Geisterhaft löste sich ein Schatten aus dem Grau. Der Nebel, der den Briskefjord an diesem Herbsttag in seine Arme schloss, gab sein Geheimnis nur zögerlich preis. Mit Mühe hätte ein Beobachter vom Ufer aus erahnen können, worum es sich handelte. Doch der Schatten blieb unentdeckt. Der Winter stand vor der Tür, und die Bewohner von Kongesanger wärmten sich an ihren Öfen.

Es war ein Ruderboot. Ein ganz gewöhnliches Boot, so wie es fast jeder hier in dem kleinen, abgeschiedenen Dorf besaß, wie andere in anderen Orten ein Fahrrad ihr Eigen nannten. Ein Mann saß in dem Boot und riss an den Rudern. Selten hatte es hier jemand eilig. Es gab nichts, was Eile gerechtfertigt hätte. Nichts mehr, wofür sich Eile lohnte. Von steilen Bergen umzäunt lag Kongesanger am Ufer des Fjords. Ein paar hundert Einwohner. Mit jedem Jahr wurden es weniger. Sie zogen weg in die Großstadt, nach Trondheim oder noch weiter, wo es Arbeit gab. Oder sie starben. Die meisten am Alter.

Der Nebel dämpfte das Klatschen der Ruder. Fast jeder zweite Zug ging ins Leere. Ziel des Ruderers war der alte Fischereihafen des Ortes. Unter normalen Umständen wäre das Boot längst angekommen, doch der Mann steuerte es beinahe ziellos durch die Strömung. Alle paar Sekunden blickte er über die Schulter, schüttelte den Kopf, vollzog eine markante Richtungsänderung und warf sich wieder in die Riemen, als wäre der Teufel persönlich hinter ihm her.

Zwischen den Wracks der Fischfangflotte, die an den Anlegestellen vor sich hin rosteten, fand das Boot schließlich den Weg zu einem Steg. Der Mann sprang heraus, rutschte ab und konnte sich gerade noch ausbalancieren. Sein Gesichtsausdruck war der eines Irren, starr und leer. Außer Atem rappelte er sich auf und stolperte in den Ort hinein, auf eines der noch bewohnten Häuser zu. Dann verschluckte der Nebel seine Gestalt.

2

»Jan! Zeit fürs Bad! Dann wird gegessen und ab ins Be…« Ann Christin Sommer brach ab und lächelte, als sie ihren fünf Jahre alten Sohn, ein aufgewecktes, sehr aktives Kerlchen, mit Erik spielen sah. Der Knirps kletterte kichernd und kreischend auf dem Rücken ihres Mannes herum. Erik saß auf dem Boden vor dem Kamin. Vater und Sohn beim Spielen zuzusehen, war eine der wenigen Gelegenheiten, die Trostlosigkeit des Ortes, die sich tief in ihre Seele gegraben hatte, für eine Weile zu vergessen.

Erik Sommer war der Bäcker in Kongesanger. Wichtig für die Versorgung aller Dorfbewohner, geschätzt und geachtet, so wie schon sein Vater zuvor, ein deutscher Einwanderer, der hier in jungen Jahren eine neue Heimat gesucht und gefunden hatte. Als Ann Christin vor acht Jahren ihr Lehramtsstudium abgeschlossen hatte, war sie Erik begegnet und hatte sich in ihn verliebt. Sie war in seine Heimatgemeinde gezogen, ohne zu ahnen, was sie in dieser Einöde erwarten würde. Eriks Eltern lebten nicht mehr, sie waren schon verstorben, bevor sie ihn kennengelernt hatte. Nur seine Schwester Sigrid, zu der Erik ein inniges Verhältnis hatte, war von seiner Familie übrig geblieben. Sie wohnte ein paar Häuser weiter. Die beiden Schwägerinnen verstanden sich recht gut.

Nachdem die alte Lehrerin kurz vor ihrer Pensionierung einer plötzlichen Krankheit erlegen war, hatte es Ann Christin übernommen, die wenigen Kinder an der Grundschule des Ortes zu unterrichten. Zwei Jahre später war Jan auf die Welt gekommen. Spätestens da wurde ihr bewusst, wie abgeschieden Kongesanger wirklich war. Es gab keine Kinderkrippe und keinen Kindergarten. Als Babysitter hatte sie nur Sigrid. Der Spielgruppe, einer Initiative einiger junger Mütter in Kongesanger, wurde Jan bald zu wild. Nur beim Legospiel kam er zur Ruhe und baute für sein Alter bemerkenswerte Modelle. Doch die anderen Kinder wollten nicht ständig mit den Bausteinen beschäftigt werden – was wiederum Jan nicht akzeptieren konnte.

Auch wenn Erik von den Einheimischen als einer der Ihren betrachtet wurde, Ann Christin war und blieb eine Zugezogene. Und das spürte sie tagtäglich.

Jan versuchte, seinen Vater zu einer Reaktion zu provozieren, doch dieser starrte regungslos in die Flammen. Ann Christin gefiel dieses Spielchen nicht. Erik wollte damit erreichen, den quirligen Bengel zur Ruhe zu bringen, aber Ann Christin fand die Szenerie beklemmend. Sie brachte Ängste an die Oberfläche, Ängste vor Tod und Verwesung, vor Verlassenheit und Traurigkeit. Ängste, die sie als Kind hatte erfahren müssen, und an die sie nie wieder auch nur denken wollte. Und vor allem wollte sie nicht, dass sich ihr Sohn mit seinen fünf Jahren damit auseinandersetzen musste. Heute schien Erik das aufgeregte Treiben ganz besonders lang zu erdulden. Es war genug.

»Erik, hör auf, es reicht!«, verlangte sie mit einem verärgerten Zittern in der Stimme. »Jan, lass das! Hör auf, deinen Vater an den Ohren zu ziehen!«

Jan kreischte vor Vergnügen und zog noch einmal so kräftig, dass er den Kopf seines Vaters weit in den Nacken bog. Erik reagierte nicht. Obwohl dieser Schmerz alle Grenzen gespielter

Gleichgültigkeit überschritten haben musste. Und wieso trug Erik noch Jacke, Gummistiefel, Schal und Handschuhe? Nur die Mütze hatte Jan ihm wohl vom Kopf gerissen, so zerstrubbelt, wie die Haare waren.

Ann Christin erstarrte. Ihr Atem stockte. Etwas stimmte nicht. Hastig schnappte sie nach Luft. Hyperventilierte. Ein Sirren in ihren Ohren kündigte die Unterversorgung mit Sauerstoff an. Sie lief auf ihren Sohn zu und zerrte ihn vom Vater weg.

»Geh nach oben, Jan!«, verlangte Ann Christin.

Jan fing an zu weinen. Vermutlich hatte sie zu fest zugepackt. Vermutlich war sie viel zu laut. Vermutlich wurde ihm bewusst, dass das Spiel gar kein Spiel war. Ann Christin konnte jetzt nicht darüber nachdenken. Sie kämpfte ihre beginnende Panik nieder. Jan musste aus dem Wohnzimmer! »Geh in dein Zimmer, Jan! Du … du darfst noch fernsehen, ich komme später!«

Die Worte erfüllten ihren Zweck. Ihr Sohn jubelte ob der unerwarteten Ausdehnung der ansonsten streng begrenzten Fernsehzeit und polterte hinauf in sein Zimmer.

Ann Christin atmete tief durch. Was auch immer mit Erik geschehen sein mochte, Jan sollte es nicht direkt miterleben müssen. Es war genug, wenn seine Mutter das Trauma ihrer eigenen Kindheit ein Leben lang in sich trug.

Zögernd griff sie nach der Schulter ihres Mannes, als erwartete sie, er werde einfach tot zur Seite kippen.

Wie ihr Großvater damals. Er hatte in seinem Lieblingssessel gesessen, schien zu schlafen. Ganz friedlich. So wie er immer auf dem Sessel einschlief – leicht zur Seite gebeugt, den Ellenbogen auf der Lehne, der Kopf ruhte in der Handfläche. Sie kletterte auf seinen Schoß, dabei fiel er ihr entgegen und begrub sie mit seinem Gewicht unter sich. Sofort begriff sie, dass dies keine Absicht sein konnte. Mit größter Mühe japste sie nach Luft. Zum Schreien reichte ihre Kraft nicht. Es fühlte sich wie eine Ewigkeit an, bis die Großmutter ins Zimmer kam und sie nach dem ersten Schock von dem leblosen Körper auf ihr befreite.

Doch Erik regte sich nicht. Sie rüttelte ihn, sprach auf ihn ein. Keine Reaktion. Zögernd wagte sie den Blick in sein Gesicht. Es wirkte starr, wie eingefroren. Die Haut so blass, dass die Adern um die Augen herum durchschimmerten. Glasige Pupillen, die in die Flammen blickten und nicht einmal ihre wischende Handbewegung vor seinem Kopf wahrnehmen wollten.

Erschrocken griff sie nach seinem Arm, zerrte den Handschuh herunter und tastete nach seinem Puls. Schnell und flach. Blasse Haut. Der Atem kurz und abgehackt. Sie griff nach seiner Stirn. Kalter Schweiß, trotz der Wärme der Kleidung und des Feuers.

»Odin!«, schrie sie. »Odin, schnell! Hilf mir!«

Ihr Schrei richtete sich nicht an den Göttervater der alten Germanen, sondern an den oben im Haus lebenden Freund ihres Mannes, Odin Dahl, der gleich darauf die Treppen heruntergestürzt kam.

»Was ist los?« Odin erfasste die Situation mit einem Blick. Sein Freund regungslos vor dem Kamin auf dem Boden sitzend, in Jacke und Stiefeln, Ann Christin panisch neben ihm.

Er lief zu Erik und kniete sich vor ihn, tastete nach dem Puls und versuchte, Blickkontakt herzustellen, aber Erik sah durch ihn hindurch. Odin griff nach Eriks Schultern und rüttelte ihn heftig. Keine Reaktion. Er legte seine Hand auf Eriks Stirn und anschließend zwei Finger an den Hals.

»Schock!«, diagnostizierte er. »Ein psychischer Schock! Was, zur Hölle, ist hier passiert?« Er richtete seine Frage an Ann Christin, ohne sie dabei anzusehen.

Dieser entfuhr hysterisches Gelächter. »Woher – *zur Hölle*

14

– soll ich das denn wissen?«, brach es aus ihr hervor, ebenso wie die Tränen. Verzweifelt rückte sie von ihrem Mann ab.

Odin kümmerte sich nicht um Ann Christin. Er wusste um ihre labile Persönlichkeit, und hätten Erik nicht gerade schwere gesundheitliche Schäden gedroht, hätte er bereits mit seinen ganz eigenen Problemen genug zu tun gehabt. Er verdankte es Erik, dass er hier war. Wahrscheinlich verdankte er es ihm auch, überhaupt noch am Leben zu sein.

»Was, zum Teufel, hast du genommen, du verdammter Idiot?«, grollte er. Entschlossen riss er ein Kissen vom Sofa, packte den Freund, legte ihn flach auf den Boden und lagerte seine Beine hoch. »Stirb mir hier ja nicht weg! Hast du gehört? Das will ich nicht noch einmal erleben …«

»Spinnst du?«, fuhr Ann Christin ihn erschrocken an. »Erik würde nie … Du hast ihm doch wohl nicht …« Sie sprang auf und rannte zum Telefon. »Du verdammter Drogenfreak! Was hast du mit ihm gemacht? Was hast du ihm gespritzt? Oh, mein Gott …« Sie riss das Telefon aus der Basis und wählte zitternd die Nummer des einzigen Arztes im Dorf. Sie vertippte sich mehrmals hintereinander. Beim vierten Versuch gelang es ihr endlich, Noah Sørensens Nummer zu wählen.

3

Erik Sommer hatte schon von *dem Licht* gehört. Auch dass es hell sein sollte. Allerdings nicht so hell, dass es ihn blendete, die Helligkeit war geradezu unangenehm. Es schien ihm, als würde er aus kürzester Entfernung in eine Taschenlampe blicken. Stimmen schwirrten um ihn herum. Sie kamen ihm bekannt vor. Er versuchte, sich darauf zu konzentrieren. Da war seine Frau, Ann Christin – Anni, wie er sie liebevoll nannte, und er liebte sie von Herzen –, aufgebracht, fast hysterisch. *Was konnte sie nur so in Rage versetzt haben*, fragte er sich wie nebenbei. Ihr Zustand weckte zwar seine Neugier, doch er wollte nicht über mögliche Gründe nachdenken. Es war wie im Traum. Man erlebt etwas, aber ist nicht wirklich beteiligt. Die Dinge ziehen an einem vorüber.

Odin war auch da. Er klang hart und resolut. In seiner Stimme lag nichts von der üblichen Gleichgültigkeit und Resignation, die Erik bisher vergeblich versucht hatte, aus seinem Freund zu vertreiben. Sie waren als Kinder die dicksten Freunde gewesen. Später hatte Odin Kongesanger verlassen. Erik konnte nicht genau erkennen, mit wem Odin sprach. Mit Ann Christin oder ihm? Noch jemand musste im Raum sein.

Er spürte, dass er am Boden lag. Fast schwerelos fühlte es

sich an. Die Beine so leicht, als würden sie schweben. Jemand machte sich an seinem Oberarm zu schaffen, gleich darauf engte ihn dort etwas ein.

»Hm … der Blutdruck ist im Keller, gar nicht gut«, hörte er jemanden sagen. Noah? Noah Sørensen, der alte Dorfarzt, dessen Stimme rissig und ächzend klang. Wie altes Holz, verwittert und abgelagert. Der einzige Arzt von hier bis Trondheim. Was wollte Noah von ihm?

Ein weiterer, diesmal hysterischer Schrei. *Ann Christin, alles ist gut,* versuchte Erik, ihr zu sagen, es ging ihm doch gut. Er fühlte sich warm und behütet. Zwar konnte er sich nicht bewegen und brachte kein Wort über die Lippen, aber ihn erfüllte eine Leichtigkeit, die ihn geradezu beflügelte. Ja, vermutlich waren ihm Flügel gewachsen, seine Zeit war gekommen. Einen Moment lang bedauerte er seine Lieben, die er zurücklassen musste, aber das war nicht für immer. Er wusste, eines Tages würden sie ihm folgen, und sie würden sich wiedersehen. Alles war gut. Doch wo war das Licht, auf das er nun zugehen sollte? Das Licht, von dem ihm auch sein Vater erzählt hatte, als dieser starb …?

Das Licht war fort. Erik nahm seine Umgebung schemenhaft wahr. Die Anwesenden zerrten und zogen an ihm. Nicht, dass es schmerzte, es war eher wie beim Zahnarzt, beim Bohren in einen betäubten Zahn. Man fühlt die Vibrationen und den Druck, aber keine Nervenreize. Sie fummelten an seinem linken Arm herum, und plötzlich spürte er doch etwas. Einen Stich. Vermutlich eine Spritze. Was hatten die nur? Es war doch alles … Ann Christins greller Schrei unterbrach seine Gedanken.

Um ihn herum wurde es dunkel und ruhig. Ihm schien, als flöge er leicht und ohne jede Anstrengung davon. Alles war gut. Er wollte noch Luft für einen tröstenden Abschiedssatz holen, doch dafür war es zu spät.

4

Carl Morgan saß in seinem kleinen Wohnzimmer, als das Telefon läutete. Er drehte den Kopf. Das Scheuern der Halswirbel verursachte ein knirschendes Geräusch. Anrufe waren äußerst selten geworden, sodass er zunächst einfach nur den Apparat anstarrte. Wer sollte noch etwas von ihm wollen? Er wohnte seit ein paar Monaten in dieser kleinen Wohnung, die lange Zeit leer gestanden und früher Saisonarbeiter der Fischfangflotte beherbergt hatte. Doch als die Fischgründe schwanden und die Flotte stillgelegt wurde, brauchte niemand mehr Saisonkräfte. Keiner der Männer blieb auch nur einen Tag länger in dem Dorf, als er musste.

Das waren noch Zeiten gewesen, als die Wirtschaft im Ort geblüht hatte. Von dieser Wirtschaft war nicht viel übrig geblieben, ebenso wenig wie von seinem früheren Leben. Kongesanger war einmal *sein* Dorf und er der Hüter über Recht und Ordnung gewesen. Als Leiter der Polizeiwache hatte er drei Polizisten zu führen gehabt. Mit der Fischerei waren auch seine Mitarbeiter abgezogen worden, und bis zu seiner Verabschiedung in den Ruhestand war er einige Jahre der einzige Gesetzeshüter im Ort gewesen.

Heute verbrachte er seine Zeit viel zu oft in der noch vorhandenen »Wirtschaft« – in der Kneipe im Ort, der einzigen Unterhaltung, seit seine gute Emma vor fast fünf Jahren verstorben war. Beide hatten sie nie verwunden, was ihrem kleinen Anders widerfahren war. Carl Morgan schüttelte den Kopf und schluckte den Kloß im Hals hinunter. So lange war es jetzt her, der Sohn war gerade fünf Jahre alt geworden, als er im Hafenbecken ertrunken war.

Ein zweiter Anruf scheuchte ihn aus seinen düsteren Erinnerungen. Da war jemand sehr hartnäckig. Carl atmete tief durch, seufzte brummig und richtete seine gedrungene, von Arthrose geplagte Gestalt langsam in dem abgewetzten Sessel auf. Es war der Lieblingssessel seiner Frau gewesen, einer der wenigen Einrichtungsgegenstände, die er beim Auszug aus dem Polizeihaus hatte mitnehmen können und wollen. Die neue Wohnung war karg eingerichtet. Was brauchte er auch noch? Tisch, Bett, Sessel, Fernseher und ein paar Schränke für seine wenigen Habseligkeiten. Die krankheitsbedingte Pensionierung war überraschend gekommen. Gut sieben Jahre zu früh hatte er abtreten müssen. Nun lebte sein junger Nachfolger im Polizeihaus.

Als Carl einen Fuß vorsetzte, um aufzustehen und sein Gewicht zu verlagern, stieß er gegen eine leere Flasche, die umfiel, davonrollte und mit einem leisen Klackern von einer anderen leeren Flasche gestoppt wurde. Der Polizist a. D. blickte sich flüchtig in seinem Wohnzimmer um. Meist konnte er den Anblick der Unordnung, den Staub und die Flaschen ignorieren, doch jetzt wollte es ihm nicht so recht gelingen. Die Wirklichkeit drängte sich mit dem störenden Anrufer in sein Leben. Was konnte man noch von ihm wollen?

Er zog die Stirn hoch. Tiefe Falten zeugten von dem Unbehagen, das der Anruf in ihm auslöste. Was auch immer der Störenfried von ihm wollte, er ließ nicht locker.

Gemächlich machte Carl die drei Schritte zum Schrank,

auf dem das Telefon stand. Einen Schreibtisch besaß er nicht mehr. Wozu auch? Er legte seine Hand auf den Hörer und ließ sie einen Moment dort verweilen, als wollte er alleine mit dieser Handlung ein erneutes Klingeln verhindern, doch das nervtötende Schrillen ging weiter. Einen Moment kam er in Versuchung, abzunehmen und sofort wieder aufzulegen, um die Verbindung zu unterbrechen. Aber dann hätte der Anrufer gewusst, dass Carl in seiner Wohnung war, und sicherlich einen erneuten Versuch unternommen. Oder er wäre gar persönlich vorbeigekommen, und das war nicht in seinem Sinn.

Mit einem weiteren tiefen Seufzer nahm Carl Morgan den Hörer ab. »Was ist denn?«, verlangte er statt einer Begrüßung zu wissen. Seine Stimme klang rau und ungeübt. Er redete nur noch, wenn es unbedingt sein musste. Sein Hals kratzte, er räusperte sich lautstark.

»Carl, komm zum Hafen! Schnell!«

Es war Nils Haugen. Ein Fischer und alter Freund aus besseren Tagen. Einer der wenigen Menschen, die Carl noch Achtung und Respekt entgegenbrachten, wie es sich gegenüber jemandem in der gehobenen Stellung des Polizeidienstes gehörte. Er klang aufgebracht, was seiner ansonsten ruhigen, nordischen Art sehr widersprach.

»Und warum sollte ich?«, brummte Carl.

»Ich muss dir was zeigen. Es ist wichtig!«, drängte Nils.

»Was ist schon wichtig?«, sagte Carl Morgan mehr zu sich selbst und lauschte dann den Worten des Fischers, der in einen hektischen Redeschwall verfiel. Morgans lethargische Gesichtszüge verfestigten sich.

»Verstehe«, erwiderte der alte Polizist, nachdem der Fischer geendet hatte. »Aber warum gehst du damit nicht zu Hetland? Er macht meine Arbeit jetzt.«

»Geht doch nicht! Himmel noch mal, das kannst du dir doch wohl vorstellen, oder? Was glaubst du, was los ist, wenn *der* das sieht?«, fauchte der Fischer.

Carl Morgan wusste, dass ein Versuch, sich aus dieser Situation herauszuwinden, aussichtslos gewesen wäre. »Na gut. Ich schau mir die Sache mal an.«

Bevor er sich auf den Weg machte, ging er ins Badezimmer und nahm eine Packung Cortisontabletten aus dem Spiegelschrank über dem Waschbecken. Noah Sørensen hatte sie ihm vor Jahren gegen die Arthrose verschrieben, für schlimme Schmerzschübe. Die Pillen konnten ihn nicht heilen, aber die Schmerzen lindern und seine Mobilität für einen gewissen Zeitraum erhöhen. Er schenkte der Packung ein Lächeln und schluckte gleich zwei Tabletten, wohl wissend, dass es noch etwas dauerte, bis die Wirkung einsetzte.

5

Erik schlug die Augen auf. Sonnenstrahlen fielen in sein Schlafzimmer. Das Rollo war nicht zugezogen. Ann Christin musste schon aufgestanden sein. Ihre Seite des Bettes war leer. Heute war Freitag. Hatte der Wecker nicht geklingelt? Seit er die Bäckerei seines Vaters übernommen hatte, war es noch nie vorgekommen, dass er am Morgen keine frischen Backwaren liefern konnte. Wieso hatte Ann Christin ihn nicht geweckt? Er musste doch in die Backstube!

Er fühlte sich müde und zerschlagen. Ohne auf den Wecker gesehen zu haben, wollte er sich aufrichten und aus dem Bett steigen. Doch plötzlich drückte ihn jemand von der Seite mit Gewalt zurück auf die Matratze. Erik kämpfte instinktiv dagegen an und riss den Kopf herum.

Der Angreifer war Odin, sein Freund aus Kindertagen, brotloser Maler und Drogenjunkie, den er in sein Haus aufgenommen hatte, nachdem er ihn vor wenigen Monaten zufällig in Oslo entdeckt hatte. In Sekunden zogen die Erinnerungen an ihm vorbei. Was war nur aus dem Freund geworden? Künstler nannte er sich, aber seine Kunst hatte nicht für eine anständige Lebensweise gereicht, sondern einzig und allein seinen Drogenkonsum finanziert. Ohne lange zu zögern, hatte Erik ihn mit zurück nach Kongesanger genommen. In Odins damaligen Zustand war dies nicht allzu schwer gewesen, da er ohnehin nicht mehr bei Verstand gewesen war.

Ann Christin war wenig begeistert vom neuen Mitbewohner. Sie sorgte sich um das Wohl ihres Sohnes. Ihr fünf Jahre alter Jan und ein dreißig Jahre älterer Drogenjunkie im selben Haus? Das konnte nicht gut gehen. Zwar hatte Erik mit ihrer Ablehnung gerechnet, aber dass die empfindlichen Narben ihrer Psyche dieser Belastung nicht standhielten und sie wieder zurück in ihre Depressionen verfiel, hatte er nicht ahnen können. Und auch nie gewollt. Nun waren mehr Sorgenkinder im Haus, als er gebrauchen konnte.

»Verdammt, lass mich los!«, wollte er Odin ins Gesicht schreien, der keine Anstalten machte, ihn aus dem Bett zu lassen. Was hatte der überhaupt in seinem Schlafzimmer verloren? Stand er wieder unter Drogen und halluzinierte? Was war mit Ann Christin? Wo war Jan? War der Freund nun völlig durchgedreht?

Aber kein Laut kam über Eriks Lippen, so sehr er sich auch anstrengte. Nichts. Kein Wort, nicht einmal ein Ton. Er war unfähig zu sprechen. Unfähig, aus dem Bett zu steigen, wie gefesselt. Wenn dies ein Albtraum war, dann war es einer von der schlimmsten Sorte. Er wollte aufwachen. Einfach nur aufwachen. Wach auf! Doch nichts geschah. Er war bereits wach. Er atmete, roch Desinfektionsmittel, den Schweiß seines Gegenübers und schmeckte wie jeden Morgen den pelzigen Belag in seinem Mund. Dies war kein Traum! Dies war die Realität. Und sie hielt ihn gefangen.

Erik brach in Panik aus und schlug wild um sich.

6

Die drei Männer standen am Ufer eines fast unzugänglichen Seitenarms des Briskefjords und schüttelten immer wieder stumm die Köpfe. Sie hatten einige Zeit gebraucht, um hierher zu gelangen. Aufgrund des Nebels hatten sie sich am Ufer orientieren und jede Biegung ausfahren müssen. Nicht jeder kannte diesen Ort, und es war mehr als fraglich, warum ihn überhaupt jemand aufgesucht hatte.

Vor ihnen lag die Leiche einer jungen Frau. Ihr Körper war bereits vom Wasser aufgedunsen und zeigte stellenweise grünliche Verfärbungen von eintretender Verwesung. Jedem war augenblicklich klar gewesen, um wen es sich handelte: Niemand trug so auffällige Tätowierungen wie die rebellische Tochter des Bürgermeisters, Liv Paulsen. Das Rot der Rose an ihrem Hals stand in grausigem Kontrast zur schneeweißen Haut und zu der schmutzig-schwarzen Kleidung. Das Wasser war um diese Jahreszeit schon sehr kalt und hatte die Verwesung aufgehalten. Dennoch musste sie einige Zeit im Wasser getrieben sein.

Liv war bekannt dafür, dass sie *es* gern getrieben hatte. Besonders mit den Männern des Ortes. Viele Kämpfe hatten sich um ihre Gunst gedreht. Hinter vorgehaltener Hand hatte man behauptet, sie sei sexsüchtig. Sie war gern mal für einige

Tage verschwunden, ohne jemandem Bescheid zu geben. Früher hatte Carl regelmäßig Suchaktionen nach dem Mädchen starten müssen. Niemals zuvor war ihr etwas zugestoßen. Manchmal hatte sie sich mit ihrem gerade Auserwählten in einem Liebesnest verkrochen oder war für ein paar Tage nach Trondheim oder Oslo verschwunden für Vergnügungen unbekannter Art. Eines Tages hatten selbst ihre Eltern einsehen müssen, dass die junge Frau nicht zu halten war, und hatten die Suchaktionen aufgegeben.

Ihre Kleidung war recht unorthodox für die Gegend. Schwarz, eng, aufreizend und anstößig zugleich. Sie legte viel Wert auf ihr unangepasstes Äußeres und entlockte den bodenständigen Frauen des Ortes manches Kopfschütteln und Tuscheln. *Vamp* nannte man den Kleidungsstil, den sie aus ihrer Studienzeit in Trondheim mitgebracht hatte. Jetzt war alles verdreckt und zerrissen.

Die junge Frau war offensichtlich einem Gewaltverbrechen zum Opfer gefallen. Ihr Schädel war am Hinterkopf so tief gespalten, wie es kein Sturz oder Unfall hätte verursachen können. Vielmehr musste hier eine Axt oder ein anderes, ähnlich scharfes und schmalkantiges Werkzeug geführt worden sein. Und das mit großer Wucht.

Sie lag auf dem Bauch, den Kopf unnatürlich verdreht, viel weiter, als es ein gesunder Mensch schaffen würde. Vermutlich Genickbruch. Der allein hätte für den sicheren Tod gesorgt, vom gespaltenen Hinterkopf ganz zu schweigen. Neben der Leiche waren Fußabdrücke zu erkennen. Anscheinend von Gummistiefeln, wie sie jeder im Ort besaß.

»Wer tut denn so was?«, flüsterte Fischer Haugen, noch immer fassungslos und entsetzt. Er war der typische Vertreter seiner Gattung. Wetter- und wasserfeste Jacke und Hose in unauffälligem Dunkelgrün, Schippermütze und gefütterte Gummistiefel. Sie waren mit seinem Boot gefahren, einem alten, kleinen Fischkutter, der kaum mehr als drei Personen Platz bot. Er sicherte Nils Haugens karges Überleben. Die Fischbestände hatten sich trotz abgewanderter Industrie noch nicht erholen können, und außer ihm gab es noch zwei weitere Fischer in Kongesanger, die mehr schlecht als recht ihr Dasein fristeten.

»Du hast sie heute hier gefunden?«, fragte Carl Morgan. »Bei *dem* Nebel?«

»J… ja«, stammelte Nils, dem langsam bewusst zu werden schien, wie verdächtig er sich damit machte. Doch Carl hatte Nils schon oft in dieser Ecke gesehen. Das Gebiet war ein Geheimtipp für gute Fischzüge, da hier verschiedene Strömungen aufeinandertrafen – möglicherweise war Livs Leiche von diesen Kräften an Land gespült worden. Auch aus einigen Metern Entfernung und trotz des Nebels war es durchaus wahrscheinlich, dass Livs helle Haut als ungewohnte Erscheinung am Ufer ins Auge fiel.

Carl verzichtete deshalb auf eine Erklärung des Fischers und fuhr fort: »Hast du irgendetwas angerührt? Oder die Leiche bewegt?«

»Warum hätte ich das tun sollen?«, fuhr Haugen ihn an. »Sieht man doch wohl eindeutig, dass da jede Hilfe zu spät kommt!« Von Ekel geplagt wandte er sich an den Arzt und verlangte mit heiserer Stimme: »Kannst du ihr nicht endlich die Augen schließen?«

Der unwirkliche Blick setzte nicht nur dem Fischer zu. Das starre Gesicht sah aus, als wären die Überraschung und der Unglauben darin festgefroren.

Noah Sørensen schüttelte bedauernd den Kopf und hockte sich schwerfällig vor die Leiche. Das Alter machte auch ihm zu schaffen. Längst wäre er in den Ruhestand gegangen, aber es fand sich kein Nachfolger für das abgeschiedene Dorf. Und er wollte die Leute in seiner Heimat nicht ohne ärztliche Versorgung lassen. Also würde er seine Arbeit verrichten, bis er entweder abgelöst würde oder tot umfiel. Aber dass er in seinem Alter noch zu einem solchen Verbrechen gerufen würde, in diesem beschaulichen Ort, hätte er sich nicht einmal in seinen schlimmsten Albträumen vorstellen können. »Tut mir leid, ich schätze, erst muss die Polizei die Spuren sichern.«

Währenddessen ließ Carl Morgan den Blick über das Gelände schweifen. Der zweite Mord in vierunddreißig Jahren. Für die Aufklärung des ersten hätte er keine Polizeischule besuchen müssen. Kurz nachdem er den Außenposten hier übernommen hatte. Der Tote war damals auch erschlagen worden, allerdings mit einem stumpfen Gegenstand, der sich anhand der Blutspuren recht schnell als eine bronzene Skulptur herausgestellt hatte, die in der Wohnung des Opfers stand. Nach kurzer Befragung hatte die Ehefrau die Tat zugegeben. Ein ziemlich durchschaubares Eifersuchtsdrama, in dem die allseits bekannten Hintergründe zur schnellen Aufklärung beigetragen hatten. Schließlich lebte man in einem Dorf, jeder kannte jeden und wusste oft besser über den anderen Bescheid als über sich selbst. Man hatte wirklich kein Kriminalist sein müssen, um den Fall aufzuklären.

Carl Morgan war ebenso wie der neue Dorfpolizist Tor Einar Hetland als Fremder in diesen Ort gekommen und bald geachtet und geschätzt worden. Morgan machte keine Unterschiede zwischen Einheimischen, Saisonkräften und Zugereisten. Er handelte streng im Sinne des Gesetzes und man legte sich besser nicht mit ihm an. Er war eine Respektsperson.

Der Mord hier zeugte von einer gewissenlosen Brutalität. Nicht zu vergleichen mit dem alten Fall. Carls Blick blieb an einem langen Gegenstand hängen, der halb am Ufer, halb im Wasser lag. Es war eine Angelrute. Keine gewöhnliche, sondern eine der altmodischen Hochseeangeln, wie sie nur noch wenige Bewohner des Dorfes benutzten. Er ging hin und zog die Rute aus dem Wasser. Die Schnur hatte sich am Ufer verheddert, deshalb war die Angel wohl nicht aufs Wasser hinausgetrieben worden. Der Angler hatte es vermutlich auf Köhler abgesehen gehabt, sie lebten in großer Tiefe, waren schmackhaft und daher begehrt. Und genau hier waren sie zu finden. Morgan machte sich nicht die Mühe, die Schnur zu entwirren, sondern schnitt sie ab. Er führte immer ein Messer bei sich. Die Dienstwaffe, die zu ihm gehört hatte wie sein Paar Lieblingsschuhe, hatte er bei der Pensionierung abgeben müssen.

Er betrachtete die Rute genauer. Knapp über dem unteren Haltegriff war ein Symbol eingraviert. »Die Brezel, hm …«, murmelte Morgan.

Er wusste sofort, wem die Angel gehörte. Heinrich Sommer, der alte Bäcker, hatte den Tick gehabt, alle seine Habseligkeiten mit dem Bild einer Brezel als sein Eigentum zu kennzeichnen. Als hätte ihn jemand hier in Kongesanger beklauen wollen. Spaten, Boot, Gummistiefel, Axt, Angel, sogar sein Haus – wann immer man die Brezel sah, wusste man, wem das Ding gehörte. Vielleicht war es auch nur sein persönlicher Rachefeldzug gewesen, weil es ihm trotz missionarischen Eifers nicht gelungen war, dieses salzige Laugengebäck aus seiner Heimat in Kongesanger beliebt zu machen. Sommers Eigenart war oft belächelt worden. Einige seiner Macken hatte er samt der Bäckerei an seinen Sohn Erik vererbt. So auch die ausgeprägte Hilfsbereitschaft, die Carls Meinung nach eher etwas von einem Helfersyndrom hatte.

Sieh an, unser Bäcker. Die Rute hat ihm sein Vater zur Konfirmation geschenkt. Kann mich noch gut erinnern. War ziemlich teuer damals. Ließ er extra aus Deutschland schicken. Als ob wir keine guten Ruten gehabt hätten … und jetzt liegt sie hier. Obwohl Erik doch sonst immer so übervorsichtig mit seinem Angelgeschirr ist …

Carl Morgan wandte sich an den Fischer. »Erzähl mir doch noch mal die ganze Geschichte, Nils.«

Der Fischer nickte. Deutlich war ihm anzusehen, wie sehr er eine schnelle Aufklärung des Falles wünschte. Schließlich kannte auch er das Opfer besser, als ihm jetzt lieb war. Es war schon eine Weile her, aber ihn plagte noch immer das schlechte Gewissen, gerade gegenüber seiner Frau. Deshalb hatte er kurz nach dem Fehltritt versucht, dieses bei Morgan zu erleichtern. Doch der hatte ihn an den Geistlichen verwiesen. Für Geständnisse dieser Art war die Polizei nicht zuständig. Soweit Morgan wusste, hatte Haugen seiner Frau nie etwas gebeichtet. Wäre sie seine, hätte er es auch nicht getan. Plötzlich vermisste er seine Emma wie seit Monaten nicht mehr.

Haugen holte Luft und berichtete: »Als ich heute Morgen zum Hafenbecken kam, sah ich, dass ein leeres Ruderboot darin trieb. Ich holte es ein und merkte erst dann, dass ein Ruder fehlte. Das Boot gehört …«

»… unserem Bäcker Erik Sommer«, fiel Carl Morgan ihm ins Wort, »und seht mal: Hier, neben der Leiche, hat er seine Angelrute verloren. Was für ein Zufall …«

Die Falten auf seiner Stirn gewannen an Tiefe, und er spürte, wie sich seine Lippen unwillkürlich aufeinanderpressten. Da war er wieder, sein alter Jagdinstinkt. Das Klingeln eines Handys riss ihn aus der Konzentration.

»Ja?«, meldete sich Noah und lauschte aufmerksam. Er hielt die Hand vors Mikrofon und flüsterte Morgan zu: »Es ist Ann Christin. Erik randaliert.«

»Kann ich mir gut vorstellen. Sie soll ihn auf keinen Fall aus dem Haus lassen«, verlangte Carl.

Mit einer beschwichtigenden Geste holte Noah zum nächsten Satz aus. »Ja, Ann Christin, ich komme gleich nachher vorbei. Sorg bitte dafür, dass er im Bett bleibt. Lass ihn nicht aus dem Haus! Ich fürchte, ich weiß, was passiert ist. Bis später.« Er brach das Gespräch ab und steckte das Handy in seine Jackentasche. Kopfschüttelnd blickte er auf die Leiche. »Armes Ding!«

Wen er damit meinte, war nicht herauszuhören. Die Leiche der jungen Liv Paulsen oder Ann Christin Sommer?

»Man muss es Magnus sagen«, meinte der Fischer, »die Eltern haben ein Recht darauf, es vor allen anderen zu erfahren.«

Carl Morgan grunzte und zog die Augenbrauen hoch. Nils Haugen blickte nervös aufs Meer hinaus, als suchte er dort etwas.

»Na gut«, meinte Noah und seufzte. »Dann mach mal deine Arbeit, Carl.«

In alter Gewohnheit griff Carl in seine obere Jackentasche und suchte nach Notizblock und Stift. Doch seit seiner Pensionierung trug er beides nicht mehr bei sich. Noah half ihm aus und stand ihm auch zur Seite, um nach seinen Anweisungen Fotos von der Leiche und dem Fundort zu machen. Obwohl er den elektronischen Mist verabscheute, war Carl jetzt froh, dass Noahs Handy über eine Kamera verfügte und sich sein alter Freund auch noch damit auszukennen schien.

»Und nun?«, fragte Haugen, als sie fertig waren. »Wohin mit ihr? Oder sollen wir sie hier liegenlassen, bis die Ermittler aus Trondheim da sind? Die kommen wohl nicht vor morgen. Oder übermorgen.« Er blickte prüfend in den Himmel. »Das Wetter wird schlechter.«

»Nein, natürlich können wir sie nicht hierlassen«, antwortete der Arzt dem Fischer, der den Blick immer wieder flüchtig über die Leiche streifen ließ. »Wir bringen sie am besten in meine Praxis.«

»Und wie?« Haugen hob seine Schippermütze und strich sich nervös über die kurzen grauen Stoppeln am fast kahlen Hinterkopf.

»Mit deinem Boot natürlich«, brummte Carl Morgan.

»Mit meinem …«, schnaubte Haugen. »Niemals!«

»Nun stell dich nicht so an, Nils«, meinte der Arzt. Er

nahm Haugen beim Arm und zog ihn ein Stück von der Leiche weg. »Hier liegen bleiben kann sie nicht. Es sieht nach Sturm aus. Der würde sie zurück ins Meer treiben. In ein paar Stunden sind die Spuren so oder so futsch. Außerdem kämen mit Sicherheit irgendwelche Aasfresser. Wir müssen sie mitnehmen. So diskret wie möglich, das verstehst du doch. Oder möchtest du hier vielleicht Wache halten?«

»Ich kann dein Schiff auch konfiszieren«, warnte Morgan.

»Du bist nicht mehr der Dorfpolizist«, konterte Haugen verärgert.

Carl Morgan zuckte die Schultern. »Na gut, dann hol Hetland. Warum hast du mich überhaupt angerufen?«

Einen Moment lang starrte Haugen ihn böse an, schließlich winkte er ab und gab nach.

Gemeinsam schafften sie den Körper an Bord. Livs Kopf war nur noch durch Haut, Muskeln und Bänder mit dem Torso verbunden. Noah stützte den Schädel, während die anderen den Körper anhoben. Vorsichtig legten sie den Leichnam aufs Deck und breiteten ein festes Tuch darüber, das sich im Boot fand. Dann fuhren sie hinüber zum Hafen. Auch wenn der immer noch dichte Nebel nur die Konturen der Menschen offenbarte, konnte man erkennen, dass mehr Leute auf den Straßen unterwegs waren als am Morgen. Abgesehen davon, dass niemand durch den Anblick der Toten erschreckt werden sollte, gebot es die Pietät, Livs Leiche vor den Blicken Schaulustiger zu bewahren. Außerdem wäre es der Aufklärung nicht zuträglich gewesen, hätten die falschen Leute zu früh Kenntnis von dem grauenvollen Fund bekommen. Außergewöhnliche Ereignisse sprachen sich in Windeseile herum, und Carl Morgan wollte vermeiden, dass sich jemand auf eigene Faust auf die Tätersuche machte.

Der Arzt holte einen Leichensack aus seiner Praxis. Darin

verpackten sie Liv. Keine angenehme Aufgabe. Selbst der an Tod und Verwesung gewohnte Fischer schluckte mehrmals heftig und hielt den Atem an. Sie trugen sie zu dritt. Nicht aufgrund ihres Gewichts, sondern um es aussehen zu lassen, als schleppten sie eine schwere Plane oder das zusammengelegte Segel eines Bootes. So brachten sie den Leichnam in die Praxis.

Niemand schien ihr geheimes Treiben beobachtet zu haben.

Der Kühltresor war eine vor ein paar Jahren provisorisch umgebaute Tiefkühlkammer, die früher in der Fischverarbeitung eingesetzt worden war. Sie brachten Livs Leiche hinein. Dann gab Noah als Hausherr einen Schnaps für alle aus. Sie saßen im Sprechzimmer, stießen wortlos an und schluckten, alleine schon, um den widerlichen Geruch einsetzender Verwesung aus Nase, Mund und Rachen zu bekommen. Noah druckte die Fotos vom Tatort aus. Der Apparat im Nebenzimmer unterstrich mit jedem Rattern den Schrecken des Verbrechens.

»Carl«, sagte der Arzt und stellte sein Glas auf dem Schreibtisch ab, »du informierst Hetland, ich gehe zu Magnus.«

»Kommt gar nicht infrage«, wetterte Carl und schenkte sich nach. »Das machen wir genau umgekehrt. Ich werde mit dem Bürgermeister reden und du gehst zur Polizeistation.« Rasch kippte er den nächsten Schnaps.

Noah schüttelte den Kopf und blickte Carl eindringlich an. »Carl, wie würde das aussehen, hm? Ich weiß schon, du und Hetland seid keine Freunde, aber was kann er für deinen Ruhestand? Er macht auch nur seinen Job. Egal, wie viele Jahre zwischen euch liegen, ihr sprecht dieselbe Sprache, also rede du mit ihm. Ich gehe zu Magnus – glaub mir, das ist schon schwer genug. Sein eigenes Kind zu überleben …«

»Sein eigenes Kind zu überleben? – Ja, das ist schwer, das kann ich dir sagen, Noah!« Wütend schoss Carl Morgan hoch, viel zu schnell für seine Gelenke. Mit schmerzverzerrtem

Gesicht humpelte er zur Tür.

»Nimm die Fotos mit!«, rief Noah ihm hinterher. Carl machte kehrt, nahm die Ausdrucke, ohne Noah eines Blickes zu würdigen, und verließ die Praxis. Der Arzt seufzte und blickte ihm kopfschüttelnd nach.

Nils Haugen, nur wenig jünger als Carl Morgan, zeigte seinen Unmut über das Verhalten des Freundes. »Gutgetan hat ihm der Ruhestand nicht, aber er wollte das ja unbedingt mit sich selber ausmachen. Seit Emma nicht mehr da ist …«

»Ich weiß«, seufzte Noah und stand auf. »Ich werde jetzt den schweren Gang zu den Paulsens antreten und Magnus sagen, dass seine Tochter tot ist. Was für ein Scheiß…«

»Hoffentlich erwischen sie den Dreckskerl bald!«, fluchte Haugen, schnappte sich seine Mütze und ging mit eingezogenen Schultern zur Tür. Er brauchte jetzt dringend hochprozentigen Nachschub.

Noah rief ihm nach: »Nils, zu niemandem ein Sterbenswort. Klar?«

»Klar«, gab dieser zurück, ohne sich umzudrehen, öffnete die Tür und verschwand im Nebel.

7

Der Weg zur Wache führte Carl Morgan in die Richtung des alten Hafens. Die Vergangenheit hatte ihn eingeholt, und so beschloss er, einen kleinen Umweg einzulegen. An einem Steg blieb er stehen. Tief in Gedanken versunken musterte er die Konstruktion, die, jahrzehntealt, genauso morsch aussah, wie sich seine Knochen anfühlten. Achtundzwanzig Jahre war es her, dass sein einziges Kind hier den Tod gefunden hatte.

Damals hatte sich der Steg gerade im Bau befunden, der Fischfang hatte geblüht und die Anleger für die Privatboote der Anwohner waren knapp geworden, da die Flotte den Hafen für sich beanspruchte.

Anders war über die Absperrung geklettert. Er hatte das Wasser geliebt, obwohl er nicht schwimmen konnte. Hoch und heilig hatte er seinen Eltern versprochen, dem Ufer nicht zu nahe zu kommen, wenn sie nicht dabei waren, nicht allein ins Wasser zu stapfen, bevor er im Sommer das Schwimmen gelernt hätte. Er war ein zartes Kind gewesen, häufig krank, von Bronchitis und Allergien geplagt. Morgan hatte seinen Sohn über alles geliebt, aber nie verstanden, warum er so gar nichts von ihm zu haben schien. Weder seine robuste Gesundheit noch seine kräftige Statur, die jetzt allerdings, besonders im Lauf der letzten Jahre, eher schwammig und aufgedunsen wirkte. Morgan wusste, dass der Alkohol daran ebenso schuld war wie das Cortison. Den Tod des Jungen hatte er sich nie verziehen.

Kurz vor dem Polizeigebäude, das jahrzehntelang sein zweites Zuhause gewesen war, verlangsamte Carl Morgan seine Schritte. Leicht fiel es ihm nicht, dieses Haus zu betreten. Er war seit seiner Pensionierung nicht mehr hier gewesen. Wenn sein Nachfolger dienstliche Fragen an ihn hatte, so musste er ihn in seiner neuen Unterkunft aufsuchen. Oder man traf sich in der Kneipe. Zu Beginn war Hetland öfter zu ihm gekommen. Aber vermutlich mehr aus Mitleid denn aus beruflichen Gründen. Auf das konnte er jedoch gut verzichten. Carl Morgan hatte für sich beschlossen, nie mehr einen Fuß ins Polizeihaus zu setzen.

Er zog einen Flachmann, den ständigen Begleiter seit Emmas Tod, aus seiner Jacke und nahm einen kräftigen Schluck. Den hatte er jetzt bitter nötig. Es war ihm egal, wie oft Noah ihn davor gewarnt hatte, Alkohol in Verbindung mit seinen Tabletten zu nehmen. Sie wirkten, der Rest interessierte ihn nicht.

Schließlich schob er die Tür auf und polterte in den Raum. Hinter dem Tresen saß Tor Einar Hetland an seinem Schreibtisch. Mausklicken. Carls Miene verzog sich verärgert. Kinderkram. Gute Polizeiarbeit leistete man seiner Meinung nach nicht am Computer. Das Klappern der Schreibmaschine hörte sich nach richtiger Arbeit an, das Klicken von Mikroschaltern in Computermäusen nicht. Was waren das nur für Zeiten? Vergeblich hatte man versucht, ihn an den Fortschritt zu gewöhnen, und es schließlich aufgegeben. Wozu auch. Kongesanger war nicht wichtig – außer dem einen Mord, Kneipenschlägereien und kleineren Delikten war nie viel vorgefallen. Die meiste Arbeit bestand aus Verwaltungstätigkeiten, und so hatte man Carl Morgan auf seine Weise gewähren lassen. In dieser Abgeschiedenheit wäre die »Zeiteffizienz«, die sich von Oslo aus im gesamten Polizeiapparat fortpflanzte, ohnehin nur belächelt worden. Die Menschen in Kongesanger hatten Zeit, und die brauchten und verbrauchten sie, wie es ihnen gefiel.

Doch mit dem Nachfolger Hetland war ein frischer, moderner Wind durch den Ort gezogen. Vierundzwanzig Jahre jung, unerfahren, aber geradezu versessen auf den Posten in Kongesanger, wie Carl von einem alten Bekannten erfahren hatte, einem seiner früheren Mitarbeiter, der nun in Trondheim für Personalangelegenheiten zuständig war. Alles hätte Hetland gegeben, um hierher zu kommen. Unzählige Male hatte er im Präsidium angerufen und sich nach dem Stand des Besetzungsverfahrens erkundigt. Es war Carl von Beginn an merkwürdig vorgekommen, dass der junge Mann, angeblich Bester seines Jahrgangs, eine vielversprechende Karriere ausschlug, um den Dienst hier in der Einöde anzutreten.

Carl fragte sich, wie lange er es wohl hier aushalten würde. Der Briskefjord musste ihm wie der Arsch der Welt vorkommen. Nicht mal Autos gab es hier. Kongesanger war von Bergen umzäunt, und der einzige Weg rein oder raus war der über das Meer, oder per Helikopter, wenn es schnell gehen musste und das Wetter mitspielte. Was konnte Tor Einar Hetland hier wollen?

»Ah, Morgan«, staunte der junge Mann, stand auf und wandte sich dem Tresen zu, »schön, dich hier zu sehen. Willst du zum Fischen?«, fragte er mit Blick auf die Angel, die Carl bei sich trug.

Morgan ging um den Tresen herum und ließ sich auf einen Stuhl fallen. Zu gern hätte er noch einmal auf seinem alten, abgewetzten Lederstuhl gesessen, aber der war einem modernen Bürostuhl gewichen, wie auch seine geliebte Schreibmaschine verschwinden musste, um diesem elektronischen Spielzeug Platz zu machen.

»Was gibt es denn?«, fragte Tor Einar.

»Wir haben draußen im Seitenarm eine Leiche gefunden.«
Carl Morgan ließ den jungen Mann nicht aus den Augen.

Tor Einars Mundwinkel senkten sich. Der Polizist strich sich durch das dunkle, modisch geschnittene Haar. »Das ist übel ... ertrunken? Neulich kam die Meldung, draußen sei ein Matrose von einem Containerschiff ins Wasser gestürzt und ...«

Morgan schüttelte den Kopf. »Nein. Sie ist von hier. Und eindeutig ermordet.«

»Ermordet? Von hier?«, fragte Hetland. »Eine Frau?«

Der alte Polizist nickte. »Kein schöner Anblick.«

Tor Einar suchte seine Sachen zusammen.

Carl bezweifelte, dass der junge Kollege schon mal eine Leiche, geschweige denn eine Wasserleiche gesehen hatte. »Wir haben sie zu Noah gebracht.«

»Zum Arzt?«, fuhr Hetland auf. »Aber was soll der denn ausrichten? Außerdem könnt ihr sie doch nicht eigenmächtig vom Tatort entfernen! Was ist mit der Spurensicherung? Was ist mit mir, verdammt noch mal? Das ist *meine* Aufgabe!«

»Hier.« Carl warf ihm Noahs ausgedruckte Handyfotos und seine handschriftlichen Notizen zu. »Die Frau wurde wohl nicht am Fundort ermordet, auch wenn wir Fußabdrücke und eine Angelrute gefunden haben. Und wir konnten sie ja schlecht da liegen lassen. Sie sieht übel aus.«

Der junge Polizist zog die Unterlagen zu sich heran, ohne den Blick von Morgan zu nehmen. »Mord? Seid ihr sicher?«

Carl schnaubte. »Mehr als sicher. Sich selbst den Hinterkopf zu spalten, soll sogar jungen Leuten ziemlich schwerfallen!«

Auffallend blass geworden, hob Hetland die Bilder auf. Bevor er einen Blick darauf warf, schaute er Carl an und schluckte. »Wer ist es?«

»Liv.«

Tor Einar sackte in seinen Stuhl zurück. »Liv?«, flüsterte er.

»Nein … nicht Liv … das glaub ich nicht … wieso …«

»Das wirst du wohl herausfinden müssen«, meinte Carl und stand auf, um zu gehen.

»Ich? Aber ich … ich kann nicht! Ich war doch …«

»Mit ihr zusammen?«, ergänzte Carl und zuckte die Schultern. »Da warst du nicht der Einzige. Allenfalls der Letzte. Vielleicht aber auch nicht.«

»Wir waren ein Paar. Sie hat mich nicht betrogen!«, fuhr Tor Einar den Älteren an.

»Jetzt verstehst du vermutlich auch, warum wir dich nicht zum Fundort holen konnten.«

»Nein, verstehe ich nicht!«, rief Hetland aus und sprang wieder auf. »Das wäre meine Aufgabe gewesen, du bist doch raus aus dem Dienst und …« Seine Stimme brach. »Liv … oh, mein Gott …«

Morgan drehte sich zu ihm um. »Siehst du? Genau deshalb. Jeder Richter haut dir deine Untersuchungsergebnisse wegen Befangenheit um die Ohren. Du bist nach eigenen Angaben der Letzte, mit dem sie zusammen war. Also, wer hätte da wohl die beste Gelegenheit, die Tat einem anderen in die Schuhe zu schieben?«

Hetland starrte ihn fassungslos an. Doch bevor er antworten konnte, winkte Morgan ab und ging zur Tür.

»Morgan, hilfst du mir? Ich war's nicht – bestimmt nicht! Das kannst du doch nicht im Ernst glauben!«, rief Tor Einar verzweifelt.

»Ich? Dir helfen?« Carl Morgan verzog das Gesicht und öffnete die Tür. »Ich habe damit nichts mehr zu schaffen. Ruf in Trondheim an.«

»Bitte bleib«, bat Hetland. »Ich brauche deine Hilfe, Carl. Du kennst hier jeden Bewohner, jeden Stein, jeden Weg. Sie respektieren dich. Sie hören auf dich. Bis Verstärkung kommt, dauert es … ich kann nicht … kannst du nicht … wen soll ich denn jetzt …«

Carl Morgan verharrte ein paar Sekunden. Mit einem tiefen Luftzug wandte er sich Hetland noch einmal zu. »Okay, Hetland.« Nach einer weiteren Pause und einem weiteren Seufzer: »Gut, ich rede mit Trondheim. Die sollen uns wen schicken, der das übernimmt.«

»Danke. Du kannst gleich von hier aus …«

Morgan winkte ab. »Hab die Nummer nicht im Kopf. Werd ich von meiner Wohnung aus machen.«

Tor Einar Hetland nickte und sackte zurück auf den Stuhl. Sein Blick fiel auf die Aufnahmen, die er immer noch verkehrt herum in seinen leicht zitternden Händen hielt. Er schluckte, rang sichtlich mit sich, dann warf er einen Blick auf die Bilder und stöhnte auf.

Carl Morgan zog die Tür hinter sich zu.

8

Ann Christin fluchte leise, als es unten klingelte. Sie hielt abwechselnd mit Odin Wache an Eriks Bett. Der Arzt hatte ein schweres psychisches Trauma diagnostiziert. Normalerweise hätte Erik ins Krankenhaus gemusst, doch wegen des Nebels konnte kein Hubschrauber fliegen. Und die lange Fahrt auf dem Boot wollte Noah Sørensen ihm nicht zumuten. So hatte er seinem Patienten etwas Angstlösendes gegeben, das auch beruhigte und müde machte. Er hatte gemeint, die Zeit werde jetzt entscheiden, wie es weitergehe.

Trotz des aufmunternden Lächelns hatte Ann Christin gespürt, dass der alte Doktor ihr nicht alles erzählt hatte. Vermutlich, damit sie sich nicht noch mehr sorgte als ohnehin schon. Als ihr Hausarzt wusste er um ihren labilen Zustand, ihre latenten Depressionen. Doch solange sie sich um Erik kümmern musste, hatte sie keine Zeit, sich den trüben Gedanken hinzugeben. Und schließlich musste sie auch noch für Jan da sein, der nur schwer von seinem Vater fernzuhalten war.

Sie lief die Treppe hinunter, als es erneut Sturm klingelte, riss die Tür auf und erblickte überrascht ihre Schwägerin. »Sigrid!«

»Ann Christin, es tut mir leid …« Sigrid Mortensen wirkte

sichtlich verstört. Ihre halblangen, lockigen Haare waren nass und ungekämmt, so als wäre sie direkt nach der Dusche ohne Blick in den Spiegel aus dem Haus geflüchtet. Auf dem Arm trug sie ihre Tochter Aurora, ihr kleines Ebenbild. Auch sie war nicht wie sonst hübsch zurechtgemacht, sondern wahllos in die nächstbeste Kleidung gesteckt. Sigrid presste sie fest an sich. Das Kind hatte die Arme um den Hals der Mutter geschlungen und versteckte ihr Gesicht.

»Hat Runar dich etwa schon wieder …?« Eigentlich brauchte sie nicht zu fragen, sie sah es am Blick der Schwägerin.

Entschlossen nahm sie ihr die Dreijährige ab, die nach kurzem Zögern die Mutter losließ. »Hallo, mein Mäuschen! Na, du Süße? Was meinst du, möchtest du zum Jan hochgehen und mit ihm spielen?«

Aurora schüttelte den Kopf.

»Nein?« Ann Christin seufzte. »Na gut, dann hol ich ihn gleich runter und ihr könnt hier unten spielen. Ist das besser?«

Die Kleine nickte und schmiegte sich an die Tante. Ann Christin drückte sie liebevoll an sich und verbiss sich jedes Wort über ihren Schwager, das ihr auf der Zunge brannte.

»Kommt erst mal rein«, meinte sie. »Ich mach uns einen Kaffee, und dann reden wir.«

Sigrid zögerte. »Ich … ich bin nicht nur auf einen Kaffee da«, sagte sie schließlich. »Ich wollte dich fragen, ob ich für ein paar Tage hierbleiben kann. Runar …«

»Natürlich«, fiel Ann Christin ihr ins Wort und sah erst jetzt den Koffer neben der Tür, »natürlich kannst du bleiben. Möchtest du dein altes Zimmer haben?«

Die Schwägerin nickte dankbar. »Wahrscheinlich wäre es besser gewesen, nie hier auszuziehen.«

Ann Christin schenkte ihrer Nichte ein aufmunterndes Lächeln und verdrängte den Gedanken an die zusätzlichen Sorgen, die es nun auszuhalten galt.

Dass Ann Christins Blick alle paar Sekunden zur Treppe huschte, blieb Sigrid Mortensen nicht lange verborgen. Sie saßen im Wohnzimmer beim Kaffee und unterhielten sich leise. Die Kinder spielten im Esszimmer, das durch einen großen Durchbruch ans Wohnzimmer grenzte, mit Jans Legosteinen. Sie sollten von ihrem Gespräch nichts mitbekommen.

»So, und jetzt erzähl mir mal, was passiert ist«, verlangte Ann Christin und maß ihre zwei Jahre jüngere Schwägerin mit einem strengen Blick. »War er wieder betrunken? So früh am Morgen?«

Sigrid senkte den Blick, konnte ihr nicht in die Augen schauen. »Eher *noch*.«

»Er kriegt sich nicht in den Griff!« Ann Christin blies die Luft aus und klatschte mit den flachen Händen auf ihre Oberschenkel. »Wie lange willst du das noch ansehen und dir gefallen lassen? Irgendwann verliert er völlig die Beherrschung, und dann …«

»Ich weiß«, gab Sigrid zu. »Und du brauchst mich auch nicht so anzufahren. Ich hab dir das im Vertrauen erzählt!«

»Hat ja auch lange genug gedauert!« Kopfschüttelnd schenkte Ann Christin sich Kaffee nach und sah zur Treppe. »Du hättest diesen Mann nie heiraten dürfen, es macht dich kaputt.«

»Das sagt die Richtige«, konterte Sigrid. »Wer leidet denn hier unter der Einsamkeit?«

»Ich liebe Erik, und das ist der einzige Grund, warum ich überhaupt noch in Kongesanger bin«, erwiderte Ann Christin, trank einen Schluck und blickte zur Treppe. Ihre Hände zitterten plötzlich wie ihre Stimme.

Sigrid folgte ihrem Blick. »Was ist denn da oben los? Ständig schaust du hin.«

Sie zögerte. »Erik«, sagte sie dann leise, »Erik ist krank. Ziemlich.«

»Krank? Was fehlt ihm denn?« Sigrid stand auf, doch Ann Christin hielt sie am Arm zurück. »Warum habt ihr mich nicht informiert? Immerhin ist er mein Bruder!«

»Ich weiß nicht, was ihm fehlt.« Ann Christin zuckte ratlos mit den Schultern und unterdrückte die plötzlich aufsteigenden Tränen. »Noah meint, er habe ein psychisches Trauma. Aber wir wissen nicht, was das ausgelöst haben könnte. Er hat Erik gestern ein Angstlösemittel und sonst was gegeben. Sieht böse aus. Heute Morgen wollte er unbedingt aus dem Bett, hat aber kein Wort gesagt. Ich wusste nicht, was ich machen sollte. Ich rief Noah an, aber der war verhindert. Dann hab ich ihm zwei von meinen Schlaftabletten verabreicht. Jetzt schläft er wieder wie ein Stein. Noah taucht einfach nicht auf. Ich versteh das alles nicht!«

»Oh, mein Gott!«, flüsterte Sigrid erschrocken und setzte sich wieder.

Jan kam ins Wohnzimmer gestürmt, mit seiner neuesten Kreation in Händen, die er den Frauen voller Stolz präsentierte. Aurora wackelte hinterher. Erst nachdem sie Jans Kunstwerk ausgiebig bewundert hatten, ließ er wieder von ihnen ab, und die beiden liefen zurück ins Esszimmer.

Ann Christin sah ihnen lächelnd hinterher. Eigentlich war es gut, dass die beiden gekommen waren und Ablenkung ins Haus brachten. Dann wandte sie sich wieder an Sigrid. »Also, was hat Runar getan? Du schuldest mir noch eine Antwort.«

Sigrid füllte zunächst ihre Tasse und rührte lange darin herum, bevor sie zu erzählen begann. »Ach, es fing wie üblich an. Ich kann es einfach nicht mehr ertragen, wenn er getrunken hat. Dann fange ich an zu meckern, und er wird aggressiv.«

»Jetzt fehlt nur noch, dass du dir die Schuld daran gibst, wenn deinem Mann die Hand ausrutscht!«, schimpfte Ann Christin. »Und was ist mit Aurora? Schlägt er das Kind auch?«

»Nein«, erwiderte Sigrid sofort, »nein … noch nie.«

»Aber du befürchtest es?«

»Heute Morgen konnte er sich kaum beherrschen. Ich stand gerade unter der Dusche, als er stockbesoffen heimkam, und habe ihn dann zur Rede gestellt. Mit dem üblichen Ergebnis. Bevor es eskalieren konnte, bin ich regelrecht geflüchtet. Ich wollte erst zu einer Freundin in der Nähe von Trondheim, aber die Fähre hat wegen des Nebels vorübergehend den Betrieb eingestellt. Dann seid ihr mir eingefallen. Ich hoffe, er kommt nicht drauf, wo ich bin.«

»Und wenn doch, hoffentlich nicht, solange wir alleine im Haus sind. Odin macht ein paar Besorgungen. Er braucht dafür immer ein paar Stunden. Keine Ahnung, wo der sich dann rumtreibt. Manchmal verschwindet er auch für länger. Runar wird sich wohl schon ausmalen können, wo ihr seid.« Ann Christin stand auf und schaute, ob die Terrassentür verschlossen war. »Sicher ist sicher«, meinte sie.

Sigrid war den Tränen nahe. »Weißt du, ich hab immer gehofft, dass er sich ändern würde. Die Finger vom Alkohol lässt. Nüchtern ist er ja in Ordnung, kann der charmanteste Mann auf Erden sein, aber …«

»In Ordnung?«, ereiferte Ann Christin sich. »Ich verstehe nicht, was du an ihm findest. Ich würde wetten, er hat nie damit aufgehört, anderen Frauen hinterher…« Verlegen brach sie ab. »Entschuldige.«

»Schon gut.« Sigrid winkte müde ab. »Ich weiß von seiner Bettgeschichte mit der Tochter des Bürgermeisters.«

»Die versucht es allerdings bei jedem«, meinte Ann Christin sichtlich erbost. »Wie sie sich beim Sommerfest an Erik rangeschmissen hat – ich stand keine zehn Meter entfernt! Die schert sich einen Dreck, wenn sie rollig ist. Und wann ist sie das mal nicht!«

»Na ja, Liv ist jung, hübsch, und es ist schon recht einsam hier, weißt du ja selbst. In der Stadt würde sich keiner drüber aufregen«, nahm Sigrid sie in Schutz. »Ich kenne sie seit der Schule, sie war in meiner Klasse. Es war für sie auch nie leicht, sie war immer eine Außenstehende, weil jeder ...«

Ann Christin schnaubte. »Sie ist ein Flittchen! Sich an verheiratete Männer ranzumachen ... egal, in welchem Alter ... das Letzte!«

Ein Poltern schreckte beide auf. Es kam von oben. Erschrocken eilten sie die Treppe hinauf, um nach Erik zu sehen. Ann Christin bemerkte das zu Boden gefallene Glas neben dem Nachttisch. Er hatte sich wohl im Schlaf gedreht und es dabei hinuntergestoßen. Sie atmete auf, deckte ihn liebevoll zu und drückte ihm einen Kuss auf die Stirn.

»Werd schnell gesund, Schatz«, flüsterte sie leise. Jan rief nach ihr, und so ging Ann Christin hinunter zu den Kindern, während Sigrid bei ihrem Bruder blieb.

9

Tor Einar Hetland starrte auf die Fotos. Liv Paulsen war tot. Seine Liv. Er wollte es nicht wahrhaben. Wie hatte das geschehen können? Er erinnerte sich an ihren letzten Streit noch ebenso gut wie an ihr erstes Zusammentreffen, gleich nach seiner Ankunft. Tor Einar hatte sich beim Bürgermeister melden sollen. Liv war ihm direkt in die Arme gelaufen, als er die Tür zur kleinen Amtsstube passieren wollte. Doch statt zurückzuweichen und Abstand zu suchen, wie es jeder Mensch im ersten Reflex tun würde, wenn er mit einem Unbekannten zusammenstieß, schmiegte sie sich warm und weich an ihn und schenkte ihm ihr bezauberndes, offenes Lächeln, das ihn sofort gefangen nahm. Er vermutete, sie wäre nicht von hier. Ihre Kleidung und ihr Äußeres passten eher nach Oslo als in dieses kleine Kaff, umso verwunderter war er, als sie sich als Tochter des Bürgermeisters vorstellte.

Schneewittchen nannte er sie. Die schwarzen Haare, die Haut weiß wie frisch gefallener Schnee und das leuchtende Rot der Rose an ihrem Hals erinnerten ihn sofort an die Märchengestalt. Liv mochte den Spitznamen nicht. Sie selbst bezeichnete sich als *Vamp*, aber in Tor Einars Augen war dies vor allem ein Protest gegen ihren Stand als Tochter des reichsten Mannes von

Kongesanger, des Bürgermeisters in der dritten Amtsperiode.

Liv und andere Männer? Sicher, sie hatte ihre Liebschaften gehabt, aber die waren schließlich vor seiner Zeit gewesen. Sie hatte es ihm wieder und wieder versichert, wenn die Eifersucht in ihm überhandnahm. Selbst jetzt spürte er sie noch. Natürlich hatten sich die Leute über ihr angeblich liederliches Leben aufgeregt, das war auf dem Land eben so. In Oslo, wo Tor Einar herstammte, verlangte niemand mehr ein keusches Leben von einer jungen Frau. Egal, ob sie zur Szene gehörte oder der Normalität des Mittelstandes entsprang. Für ihn selbst waren Liebe und Treue untrennbar miteinander verbunden. Schon immer.

Livs Eltern schienen den Gerüchten, die nur hin und wieder zu ihnen durchdrangen, ebenfalls nicht zu glauben. Liv war ihr Ein und Alles. Geredet wurde immer. Und neidisch waren viele. Gerade heute, da Kongesanger am wirtschaftlichen Abgrund stand. Dabei war es doch gerade der Bürgermeister, der den Leuten mit seinem Geld, dem öffentlichen Amt und seinem Einfluss wieder auf die Füße helfen wollte, indem er mit seinem neugebauten Hotel den Tourismus in Kongesanger begründete. Das würde allen Menschen hier zugutekommen. Viele neue Jobs schaffen.

Und nun war Liv tot.

Tor Einar Hetland starrte auf die Fotos. Dies war nicht seine Liv. Seine Liv hatte diese Welt verlassen. Das hier waren ihre sterblichen Überreste, mehr nicht. Nun lag es an ihm und Carl Morgan, den Täter zu finden.

10

Runar Mortensen, Sigrids Ehemann und Erik Sommers Schwager, war der Fleischer in Kongesanger. Er hatte das Handwerk bei seinem Vater gelernt und später den Laden übernommen. Seine große, muskulöse Gestalt überragte so gut wie jeden im Ort. Und seine barsche, direkte Art verlieh ihm eine seltsame Anziehungskraft gegenüber Frauen und verschaffte ihm Respekt bei den Männern. Zumindest hielt sie Letztere auf Abstand und von Versuchen fern, sich mit ihm anzulegen, wenn er in fremden Revieren wilderte. Aber er hatte auch nichts gegen eine ordentliche Prügelei, um Frust abzubauen. Blieb die Gelegenheit dafür aus und ließ sich auch keine provozieren, musste seine Frau seinen Frust ausbaden. Die schaffte es immer irgendwie, ihn zu provozieren, und war es auch nur mit ihrer Nörgelei über zu spätes Heimkommen oder sein angeblich krankes Trinkverhalten.

Sein bester Kumpel, Saufkumpan und Mitwisser war Sven Larsen, der zwar keiner geregelten Beschäftigung nachging, aber immer über Geld verfügte. Es kursierten Gerüchte, dass Larsen als Dealer und Hehler in Trondheim zahllose Geschäfte am Laufen hatte. Das hätte seine häufige Abwesenheit erklärt.

Doch die Leute hier fragten nicht nach, auch mit ihm wollte sich keiner anlegen.

»Was nun?« Larsen, wie immer in sehr legeren, bunten Klamotten, rotblond und mit kurzem Igelhaarschnitt, wartete vor Runars Haus, aus dem dieser gerade trat und die Frage mit einem Schulterzucken beantwortete. Sven war deutlich kleiner als Runar, schlanker und schneller in seinen Bewegungen.

»Sind ausgeflogen, die Vögelchen«, schnaubte Runar. Seiner Aussprache war der hohe Alkoholpegel anzumerken, den sein Körper seit der nächtlichen Sauftour noch nicht abgebaut hatte. »Aber ich kann mir schon denken, wo sie sich verkrochen haben. Die find ich und dann …« Runar schlug mit der geballten rechten Faust in seine linke Handfläche.

»Mach mal halblang, Alter«, versuchte Larsen die Wut seines Freundes zu bremsen und boxte ihm grinsend in die Seite. »Wir hatten doch erst unseren Spaß. Und was für einen! So eine Gelegenheit bekommen wir bestimmt nicht so schnell wieder.«

Runar stolperte einen Schritt beiseite, fing sich wieder und gab Larsen einen kameradschaftlichen Stoß, den das jedoch nicht weiter interessierte, weil er etwas Anderes, viel Interessanteres entdeckt hatte. »Oder doch. Schau mal an, wer ist da denn unterwegs?«

In der kleinen Gasse, die Lebensmittelgeschäft und Fleischerei verband, kam ihnen Odin Dahl entgegen. Als er die beiden entdeckte, hielt er einen Moment inne, straffte dann seine hagere Gestalt und ging weiter auf sie zu.

Larsen stellte sich ihm in den Weg. Odin Dahl stoppte seinen Schritt und blickte beide abwechselnd an.

»Lasst mich durch«, verlangte Dahl. Er war sichtlich nervös.

Sven Larsen beugte sich näher zu ihm, musterte ihn und grinste. »Na, Alter? Brauchst du was?«

»Ja«, erwiderte Dahl, »Fleisch und Wurst. Also lasst mich in den Laden.«

»Siehst aus, als würdest du noch was anderes brauchen.« Larsen stupste Odin leicht gegen die Brust. »Sag an, ich beschaff's dir.«

»Ich hab's dir schon mal gesagt, ich brauch das Zeugs nicht mehr!«, erwiderte Odin nach kurzem Zögern mit einem leichten Zittern in der Stimme. »Und jetzt lass mich, verflucht noch mal, durch!«

Er wollte sich durchdrängen. Runar nutzte die Gelegenheit und stieß Dahl in Larsens Arme. »Nicht so hastig. Erst erzählst du mir, wo meine Täubchen sind!«

»Deine was?«, fragte Odin. »Meinst du deine Bordsteinschwalben? Keine Ahnung.« Er grinste provozierend und versuchte, an dem kleineren Larsen vorbeizukommen.

Larsen schubste ihn ebenso wie Runar, setzte nach und schlug ohne Vorwarnung zu. Odin ging zu Boden. Mit ihm die bisher getätigten Einkäufe, die aus den beiden Taschen fielen.

Wütend versetzte Runar den Lebensmitteln Tritte. Jeder Tritt wurde begleitet von einer Frage. »Wo ist meine Frau, du Arsch?« – »Ist sie bei den Sommers untergekrochen, so wie du? Verkriecht sich unter deiner Decke, hä? Hast du was mit ihr, wie?« – »Hol sofort meine Kleine, oder …«

»Oder was?« Odin rappelte sich auf und suchte sich eine Position, in der er nicht so leicht das Opfer von Runars Tritten werden konnte. »Mann, ich hab echt keine Ahnung, wovon du redest!«

Erneut schlug Larsen zu, doch diesmal konnte Odin den Schlag abblocken. Runar setzte nach. Odin wehrte sich, so gut er konnte, doch gegen zwei routinierte Schläger war er hilflos. Er ging wieder zu Boden und blieb dort kauernd hocken.

»Großspurig, was?«, knurrte Runar und setzte einen Tritt nach. »Du wirst dich nicht an meinen Mädchen vergreifen, kapiert?«

»Scheißkerl!«, fluchte Odin kaum verständlich und kassierte den nächsten Treffer.

11

Niedergeschlagen saß Nils Haugen bereits seit zwei Stunden an der Theke. Er galt als wortkarg, also sprach ihn niemand von den wenigen anderen Gästen an. Doch zwei Stunden waren selbst für den alten Fischer zu viel.

»Gib mir noch einen!«, verlangte er von Kristian Wahlstrom, dem Wirt, und hielt ihm auffordernd sein Schnapsglas hin.

»Meinst du nicht, es ist genug?«, fragte der untersetzte und gut zwanzig Kilogramm übergewichtige Wahlstrom, der gerade dabei war, mit einem Handtuch Gläser zu polieren. Nicht dass das unbedingt nötig war, aber es gab sonst so gut wie nichts zu tun. Die paar Schnäpse und Biere waren schnell ausgeschenkt und wurden langsamer getrunken als früher, als die Leute von Kongesanger noch Geld für Alkohol hatten. Oft hatte er überlegt, den Laden dichtzumachen, aber seine Gäste hatten ihn immer wieder bekniet, diesen gesellschaftlichen Treffpunkt zu erhalten. Wo sollten sie auch sonst hin? In die Edelbar nebenan? In dieses Ungetüm, das der Bürgermeister in den letzten zwei Jahren hatte bauen lassen, immer noch weiterbaute und großkotzig Hotel nannte? Wahlstrom schnaubte innerlich bei dem Gedanken, dass Magnus Paulsen ihm, sollte dessen Konzept aufgehen, wohl auch noch die Handvoll Touristen abspenstig machen würde, die sich – selten genug – hierher verirrten.

»Ach, lass mich in Frieden!«, wetterte der Fischer und winkte ab. Seine Geste wirkte unkontrolliert. Er hatte mehr getrunken als sonst.

»Hm«, meinte der Wirt, dem man ein gutes Gespür für Neuigkeiten nachsagte. »War wohl was Besonderes los heute.«

Haugen starrte ihn an. »Was meinst du damit?«

Wahlstrom nickte mit dem Kopf zum leeren Glas. »Sieht nach einem guten Fang aus, wenn du dir den Schnaps leisten kannst. Oder macht dir deine Alte wieder die Hölle heiß?« Er zwinkerte vertraulich. Schließlich kannte auch er Haugens dunkelste Geheimnisse.

»Pah!« Haugen knallte das Glas auf den Tresen. »Schenk endlich nach, damit ich diese widerliche Geschichte vergessen kann!«

Wahlstrom schenkte nach, kam näher und stützte sich neugierig mit den Armen auf die Theke. »Widerliche Geschichte? Gibt's etwa neue Matratzengeschichten? Hat's was mit dem kleinen Luder von nebenan zu tun?«

Amüsiertes, wenn auch leises Gelächter erscholl vom Nebentisch. Sich öffentlich über die Tochter des Bürgermeisters zu äußern, erlaubte man sich nicht im Dorf. Aber hinter vorgehaltener Hand redete die ganze Gemeinde über das Mädchen, das nie genug bekommen konnte.

»Freut euch nur!«, brummte Nils, kramte ein paar Scheine aus der Tasche und warf sie auf die Theke. »Aber damit ist jetzt sowieso Schluss!« Er kippte den letzten Schnaps.

»Schluss? Warum?«, wollte Wahlstrom wissen. »Meinst du, unser junger Stadtheini kann das Luder zähmen?«

»Nee, braucht er nicht mehr«, murmelte Haugen gedankenverloren. »Weil man Tote nämlich nicht mehr zähmen kann!«

Haugen schlug sich vor Schreck auf den Mund und hastete

aus der Kneipe. Die Anwesenden starrten ihm entsetzt hinterher. Kaum schloss sich die Tür, setzten wilde Spekulationen ein. Noch vor Tagesende würde so ziemlich jeder im Dorf von der Neuigkeit wissen. Liv Paulsen, die Tochter des Bürgermeisters, war tot. Und wahrscheinlich war sie keines natürlichen Todes gestorben. Wie hätte Nils Haugen sonst vor allen anderen davon wissen können? Hatte er etwas damit zu tun?

Kristian Wahlstrom griff nach dem nächsten Glas und polierte es, während seine Gedanken weite Kreise zogen und zu gewissen Schlussfolgerungen kamen.

12

Es dauerte eine Weile, bis der alte Polizist zurück ins Polizeihaus kam. Tor Einar Hetland hatte sich inzwischen wohl alle Fotos angesehen. Er wirkte sichtlich getroffen und noch fahriger als vorher. Carl Morgan wusste, dass der junge Kollege eine engere Beziehung zu Liv Paulsen unterhalten hatte, auch wenn er rund fünf Jahre jünger war als sie. Doch ein Jüngling aus der Stadt konnte ihr mit seiner schicken Uniform anscheinend leicht den Kopf verdrehen. Entgegen allen Unkenrufen hatte diese Beziehung sogar seit ein paar Wochen angehalten.

»Was erreicht?«, fragte Hetland aufgeregt.

Morgan schüttelte den Kopf. »Die Kollegen werden frühestens in zwei Tagen hier sein. Der Hubschrauber kann wegen des Nebels nicht fliegen und ein Schiff ist nicht verfügbar. Und auf dem Landweg, zu Fuß – na ja, du weißt ja, die Städter …«

»In zwei Tagen erst? Verdammt!«, rief Hetland verzweifelt. »Dann müssen wir wohl alleine ermitteln!«

»Nur die Ruhe«, meinte Morgan und ließ sich wieder auf den Stuhl plumpsen. Das Cortison hatte mittlerweile seine Wirkung entfaltet, und Carl fühlte sich besser. »Auf zwei Tage kommt es jetzt auch nicht mehr an.«

Hetland blickte den älteren Kollegen fassungslos an. »Das

kann doch nicht dein Ernst sein? Ich kann doch nicht zwei Tage einfach nur dasitzen und drauf warten, dass die Kollegen auftauchen! In der Zwischenzeit sind längst alle Spuren verwischt und der Mörder könnte auf und davon sein!«

Morgan zuckte die Schultern. »Ich sag's mal so: Wenn jemand aus dem Dorf verschwindet und nicht als Leiche wiederauftaucht, haben wir schon mal den ersten Verdächtigen.«

Hetland schnaubte brüskiert. »So einfach, ja? Na, dir kann's ja egal sein, aber mir nicht! Liv war meine …« Er brach ab und raufte sich die Haare.

»Die Spuren sind schon jetzt längst verwischt«, erwiderte Carl. »Wir können davon ausgehen, dass die Leiche dort nur angespült wurde. Ermordet wurde sie ganz woanders. Und die Fußabdrücke …«

»Und woher willst du das alles so genau wissen?«, fuhr Hetland ihn an.

»Ich hab den Job lange genug gemacht.« Carl Morgan ließ sich nicht aus der Ruhe bringen. Er zog die Stirn kraus und musterte den jungen Mann. »Na, wenn's dir so unter den Nägeln brennt … dann fang an und erzähl mal.«

»Was?«, fragte Hetland.

»Wann hast denn du sie das letzte Mal gesehen?«

»Ich?« Plötzlich wirkte der junge Mann nervös. »Vor drei Tagen.«

»Lange her«, meinte Morgan und ließ ihn keine Sekunde aus den Augen. »Wo war das?«

»Wo?« Hetland zögerte. »Das ist doch völlig unwichtig!«

»Findest du?« Morgan zuckte die Schultern. »Es könnte durchaus sein, dass wir bei eurem letzten Stelldichein Spuren finden, die zu ihrem Mörder führen.«

»Wieso sollte …« Hetland erstarrte. »Du glaubst wirklich – ich? Ich hätte was damit zu tun?«

»Wieso nicht? Immerhin warst du ihr Liebhaber, oder?«

»Aber deshalb ermorde ich sie doch nicht!«, rief Tor Einar und sprang auf. Einen Moment lang sah es aus, als wollte er auf Carl losgehen. Dann besann er sich wieder und fuhr sich erneut durch die Haare. »Ich hätte keinen Grund dafür gehabt.«

»Seltsam«, meinte Carl. »Frisch verliebt. Drei Tage ... Eine ziemlich lange Trennung.«

»Hör auf!«, wiederholte Hetland noch aufgebrachter, nahm seine Jacke und lief zur Tür. »Das muss ich mir nicht anhören!«

»Drei Tage, Hetland«, betonte Carl. »Gib zu, das würdest du selbst verdächtig finden.«

»Du spinnst!« Der junge Polizist riss wütend die Tür auf. Doch dann zögerte er, schien nachzudenken. Er schloss sie wieder und wandte sich Carl zu. »Also gut. Ich habe mir nichts vorzuwerfen. Wenn du es genau wissen willst: Wir haben uns gestritten, als ich sie das letzte Mal traf. Sie ist dann weggelaufen. Ich wollte ihr nicht nachhecheln wie ein junges Hündchen. Ich dachte, sie wäre nach Hause gegangen, zu ihren Eltern, aber anscheinend ist ... ist sie nie dort angekommen.«

»Und worüber habt ihr euch gestritten?«

»Darüber möchte ich nicht reden. Nicht jetzt ...«

13

Während er auf das neu erbaute Hotel zuschritt, wirkte Noah Sørensens Gestalt noch gebeugter als sonst. In diesem Gebäude hielt sich der Bürgermeister von Kongesanger die meiste Zeit des Tages auf. Er hatte bereits seine Amtsgeschäfte hierhin verlegt. Es war ein Protzbau für die Gegend. Mit seinen vier Stockwerken überragte es sogar die kleine Kirche, die kaum hundert Meter entfernt stand. Der scharlachrote Anstrich zog alle Blicke auf sich. Nicht ohne Spott waren im Zusammenhang mit dem Haus schon Begriffe wie »Stundenhotel« oder »Hurenhaus« gefallen, gern auch im Hinblick auf die Tochter des Bürgermeisters, die an der Rezeption gearbeitet hatte – sofern sie neben ihren Hobbys Zeit und Lust dazu gefunden hatte. Noah war es ein Rätsel, wie Magnus Paulsen für ein solches Hotel eine Baugenehmigung bekommen hatte – obwohl er es sich andererseits recht gut vorstellen konnte.

Paulsen war der reichste Mann in Kongesanger. Das halbe Dorf gehörte ihm, mehr als zwei Drittel aller Bewohner standen bei ihm in Lohn und Brot oder waren als Zulieferer in der Pflicht. Es verwunderte nicht, dass die Bürger von Kongesanger ihn erneut zu ihrem politischen Oberhaupt gewählt hatten. Wen sonst hätte man nehmen sollen? Wer hätte Magnus etwas entgegenzusetzen gehabt? Er strotzte vor Ideen und hatte die nötigen finanziellen Mittel und Beziehungen, um den Bewohnern ein wirtschaftliches Überleben zu sichern. Ansonsten hätte man das Dorf längst aufgeben müssen. Er war an sich ein guter Bürgermeister, der auf das Wohl seiner Gemeinde achtete, ohne jedoch auf den eigenen Vorteil oder seinen Willen zu verzichten.

Freunde hatte die Familie nur wenige. Man blieb auf Distanz. Vielleicht lag es daran, dass die Paulsens immer sehr viel Einfluss in Kongesanger gehabt hatten. Und dass Magnus' Vater nicht gerade zimperlich darin gewesen war, seine persönlichen Interessen durchzusetzen. Dennoch bezeichnete Noah Magnus als seinen Freund.

Anders sah es zwischen Magnus Paulsen und Carl Morgan aus, die beiden Männer verstanden sich von jeher nicht besonders gut. Sie waren in etwa im gleichen Alter und beide klassische Alphamännchen – der eine Leiter der örtlichen Polizei, der andere väterlicher Hüter seiner Herde. Carl war stets korrekt und hielt sich nach Punkt und Komma an die Gesetze und Vorschriften, während Magnus seinen Spielraum gern freizügig interpretierte. So manches Mal hatte dies zu Querelen geführt, die zwar harmlos waren, aber immer das Ausmaß besaßen, dass sie im Ort für ein wenig Abwechslung gesorgt hatten. Schon aufgrund der alten Streitigkeiten war es Noah lieber gewesen, dass er und nicht Carl dem Bürgermeister die fürchterliche Mitteilung überbrachte.

Noah stand vor dem Eingang des Hotels. Als Tür war dieses edle Stück nicht mehr zu bezeichnen. Über die doppelten Türblätter und den Türstock zogen sich kunstvoll geschnitzte Jagdszenen, die man als Fremder unwillkürlich mit dieser Gegend verband. Und Magnus setzte alles daran, Touristen in diese verschlafene Gegend zu locken und die Erwartungen seiner Gäste zu erfüllen. *Großstädter sind ganz versessen darauf, in die Wildnis zu flüchten – zumindest für ein paar Urlaubswochen,* behauptete Paulsen immer. *Sie wollen sich fühlen wie die Ureinwohner, aber auf kein bisschen Komfort verzichten.* Bisher war von dem Touristenboom allerdings noch nicht viel zu spüren gewesen, nur sporadisch waren Sommergäste angereist. Doch über den Winter wollte man damit beginnen, ordentlich Werbung für die kommende Saison zu machen. Noah fragte sich nicht zum ersten Mal, was die Urlauber während ihres Aufenthaltes hier tun sollten, außer zum Angeln rauszufahren, zum Jagen zu gehen und sich zu langweilen.

Liv hatte auf Wunsch ihres Vaters an der Rezeption gearbeitet. Sie hatte ein Händchen für die Gäste gehabt, ganz besonders für die männlichen, und ständig hatte es Stress mit ihren Eltern gegeben, weil sie sich beharrlich weigerte, ihre Dienstuniform anzuziehen. Ihre Mutter, die aus Kopenhagen stammte, legte stets Wert auf ein gepflegt-mondänes Äußeres, um den Stand zu spiegeln, den es künftig zu vertreten galt. Doch Liv war viel zu verzogen und verwöhnt, um die Wünsche ihrer Mutter auch nur ansatzweise ernst zu nehmen.

Noah betrat das Foyer, einen großen Raum, der im Kontrast zum typisch nordischen Äußeren des Hauses vom Licht der großen, weiten Welt geprägt war. *Man müsse sich nach den Ansprüchen der Gäste richten,* pflegte Gunhild Paulsen zu sagen, doch sie meinte wohl eher ihren eigenen Geschmack, orientiert am dänischen Königshaus, in dessen räumlicher Nähe sie aufgewachsen war. Die Einrichtung glänzte in dunklem Mahagoni, goldene Lüster warfen bizarre Schatten auf den dunkelroten Teppich. In der Mitte des Raumes hatte man um einen Brunnen mit barocken Engeln herum eine Bank angefertigt, auf deren roten Lederpolstern sich die Gäste niederlassen konnten, während sie auf etwas warteten oder um sich auszuruhen. Aber auch wenn der Raum sehr groß war – für diese Opulenz war er eindeutig zu klein.

Die Rezeption war nicht besetzt. Zögernd trat Noah näher, seufzte innerlich und schlug auf die Messingklingel, die auf dem Tresen stand.

»Bin sofort da!«, hörte er die Stimme der Bürgermeistersgattin geschäftsmäßig-fröhlich aus den hinteren Räumlichkeiten erschallen. Gleich darauf bog sie mit einem freundlichen Lächeln um die Ecke, das sich aber sofort in Enttäuschung verwandelte, als sie keinen der erwarteten Urlauber vor sich stehen sah. Sie brachte ihre beleibte Gestalt hinter dem Tresen in Position und rückte ihre elegante Bluse zurecht. Als Eigentümerin und Hotelmanagerin nahm sie sich von der Regel aus, Dienstkleidung tragen zu müssen. »Noah. Wie schön. Was führt dich denn her?«

»Ist Magnus auch hier?«, fragte der Arzt statt einer Begrüßung.

»Ist was passiert? Du siehst so … so ernst aus«, meinte sie nervös und zeigte die Treppe hinauf. »Er ist oben, nimmt die Arbeit von diesem Kerl ab, der sich Maler schimpft. Ich hab ihm hundert Mal gesagt, ich will den Salon der Suite in einem zarten Lachston gestrichen haben, aber was macht dieser Kunstbanause? Rosa! Schweinchenrosa hat er es gestrichen! Furchtbar. Noah, was soll ich machen? Wie soll ich so einem farbenblinden …«

Noah unterbrach sie leise. »Gunhild, es ist wichtig, bitte. Ich muss euch unbedingt ungestört sprechen!«

Ahnungsvoll flammte Angst in den Augen der Frau auf, die sie gleich wieder zu überspielen suchte. »Oh … ja, sicher. Komm mit. Wir können uns oben unterhalten.« Sie warf ihm einen fragenden Blick zu, doch Noah schüttelte nur leicht den Kopf. Sie kannten einander lange genug.

Sie fanden Bürgermeister Magnus Paulsen im Salon der Suite. Das Rosa stach in der Tat grell ins Auge. Hätte der Arzt keine so schlechte Nachricht zu überbringen gehabt, hätte er sich ein Lachen vermutlich nicht verkneifen können. So nahm er das Desaster, über das sich Magnus gerade ziemlich aufregte, nur am Rande wahr.

»Magnus ...«

Die Art, wie seine Gattin das Wort an ihn richtete, ließ diesen sofort damit innehalten, mit dem jungen Maler zu schimpfen, der das Gewitter kaugummikauend und sichtlich unbeeindruckt über sich ergehen ließ. Er drehte sich zu Noah um. »Noah. Was gibt es?«

»Wir müssen reden, Magnus.«

»Moment, ich muss ...«

»Nein, jetzt«, beharrte der Arzt und zog Gunhild mit sich ins angrenzende Schlafzimmer.

Magnus drohte dem jungen Mann noch mit dem erhobenen Zeigefinger, verkniff sich aber jede weitere Bemerkung, folgte den beiden und schloss die Tür hinter sich.

»Setzt euch«, verlangte Noah.

Gunhild und Magnus blickten einander erschrocken an, taten aber, was der Arzt verlangte.

»Ich muss euch eine schlimme Nachricht überbringen«, fing Noah zögernd an und ließ insbesondere Gunhild nicht aus den Augen.

»Oh Gott«, flüsterte diese und starrte ihn entsetzt an. »Es geht um Liv, oder? Wo ist sie? Sie ist seit drei Tagen nicht nach Hause gekommen. Wir haben gedacht, sie ... irgendwann musste ja mal was Schreckliches passieren. So oft haben wir uns wegen ihres Verschwindens unnütze Sorgen gemacht. Ist sie verletzt? Liegt sie im Krankenhaus? Wo ...«

Noah senkte den Kopf. »Wir haben sie vorhin draußen im Fjord gefunden. Sie ist tot. Ermordet. Es tut mir so leid.«

Ein gellender Schrei drang durch die Hotelwände hinaus auf die Straßen und riss wohl auch den jungen Maler aus seiner Lethargie.

14

Tor Einar Hetland hatte darauf bestanden, die Leiche noch vor ihrer Obduktion zu sehen, und so gingen Carl und er ins Haus des Arztes. Überdies war die Forensik in Trondheim für die genaue Untersuchung zuständig, teilte Hetland Carl Morgan unmissverständlich mit – als hätte dieser ein Interesse daran gehabt, Liv höchstpersönlich in ihre Einzelteile zu zerlegen. Die Todesursache war schließlich schon auf den Fotos überdeutlich zu erkennen gewesen.

Carl gab sich Mühe, seinen jungen Kollegen zu verstehen. Dies war sein erster Mordfall. Und ausgerechnet seine Freundin lag dort auf dem Tisch in der Kühlkammer. Ihr Körper war mit einem weißen Tuch bedeckt.

Hetlands Blick war starr auf das weiße Leinen gerichtet, das Carl nun am Kopfende anfasste, auf ein Kopfnicken wartend.

»Kein schöner Anblick«, murmelte er. »Bist du sicher, dir das antun zu wollen? Es ist mit Sicherheit Liv.«

Tor nickte stumm.

Carl atmete tief durch und zog das Tuch beiseite. Tor Einars Blick fiel sofort auf den deformierten Hals und Hinterkopf. Reglos starrte er sie an. Kein Wort, keine Geste. Keine Mimik.

Beinahe fünf Minuten. Dann drehte er sich um und verließ mit erhobenem Kopf und festen Schrittes den Raum.

Kopfschüttelnd blickte Carl ihm nach. Er war bereits einige Reaktionen gewöhnt, doch diese gefiel ihm nicht. Sie machte Hetland unberechenbar.

15

»Oh, mein Gott! Was hast du denn angerichtet?« Verärgert blickte Ann Christin in die Einkaufstaschen, die Odin wortlos auf den Tisch in der Küche gestellt hatte. Er stand mit dem Rücken zu ihr und räumte Lebensmittel in den Kühlschrank.

»Wie schafft man so was? Das Mehl ... die Dosen ... was hast du mit dem Salat gemacht? Fußball gespielt? Das kann ich alles wegschmeißen!«

Sie sortierte aus, was nicht mehr zu verwenden war. Odin reagierte nicht. Ann Christin registrierte es, nachdem sie lautstark den Mülleimerdeckel zugeworfen hatte. Wenn sie etwas nicht vertragen konnte, dann war es Missachtung.

»Verdammt, ich rede mit dir!« Wütend ging sie um den Tisch herum. »Mit Erik kannst du solche Spielchen vielleicht treiben, aber wenn es nach mir ginge ...« Noch während ihres Redeschwalls riss sie Odin an der Schulter herum. Erschrocken hielt sie inne. »Oh, mein Gott, was ist denn mit dir passiert?« Ein lädiertes, zerschlagenes und von halb getrocknetem Blut verschmiertes Gesicht blickte ihr entgegen, nur die fast zugeschwollenen Augen wichen ihr aus. »Hast du dich geprügelt? Wieso?«

Odin Dahl lachte kurz und hart auf. »Ist einfach, oder?

So einen Sündenbock im Haus zu haben. Lass mich einfach in Ruhe!«

Er wollte sich an ihr vorbeischieben, doch Ann Christin versperrte ihm den Weg. Sie musterte die Verletzungen. Auch wenn sie den Freund ihres Mannes nicht mochte, entsprach es nicht ihrer Natur, jemandem ihre Hilfe zu verweigern.

»Das muss versorgt werden«, entschied sie. »Komm mit ins Bad. Ich möchte fertig sein, bevor Jan oder die Kleine dich so zu Gesicht bekommen.«

Widerwillig folgte ihr Odin. Auf dem Weg dorthin trafen sie auf Sigrid, die bei Odins Anblick erschrocken die Hand auf den Mund schlug. Ann Christin bedeutete ihr zu schweigen, damit die Kinder im Nebenraum nichts mitbekamen.

Odin ließ zu, dass Ann Christin seine Verletzungen versorgte. Sie hielt sich mit jeder weiteren Anschuldigung und Vermutung zurück, auch wenn es ihr schwerfiel.

16

Er wusste nicht, wo ihm der Kopf stand. Sein Pflichtbewusstsein als Polizist und damit verantwortlicher leitender Ermittler verbot es ihm, in emotionaler Weise über die Vorkommnisse nachzudenken. Er musste kühl und unvoreingenommen Schritt für Schritt ermitteln, um herauszufinden, wer Liv Paulsen auf dem Gewissen hatte.

Tor Einar Hetland nahm die Kälte nicht wahr, die ihn innerlich und äußerlich umgab. Er spürte keinen Schmerz, keine Trauer, kein Bedauern. Er war blind für jedes Gefühl. Und er wusste, was er zu tun hatte.

Sein Gang führte ihn am Hotel vorbei zur alten Kneipe. Er stieß die Tür auf und trat in die Schankstube. Die Blicke richteten sich auf ihn. Die Gespräche verstummten. Zwei alte Fischer nickten ihm zu und kümmerten sich dann wieder um ihr Bier.

Kristian Wahlstrom erhob sich von einem der Tische, an dem er Karten gespielt hatte, und ging zu Hetland. »Kann ich was für dich tun? Was zu trinken?«

Tor Einar schüttelte den Kopf. »Nicht im Dienst.« Er baute sich im Raum auf und wandte sich den Männern zu. »Ihr wisst es sicher schon. Liv ist tot. Sie wurde ermordet. Im Rahmen der Ermittlungen fordere ich alle, die eine persönliche Beziehung zu ihr gepflegt haben, auf, unverzüglich mit mir zu kommen, um eine Aussage zu machen. Das Gleiche gilt für alle, die sie in den letzten sieben Tagen gesehen haben.«

Niemand rührte sich. Betretenes Schweigen breitete sich aus, Blicke hefteten sich auf Tischplatten oder auf Gläser.

»Ich muss euch wohl nicht daran erinnern, dass ihr dazu verpflichtet seid, auszusagen.« Hetlands Stimme hallte klar durch den rustikalen Raum.

Zwei Männer standen auf und gingen zur Tür.

»Halt, hiergeblieben!«, versuchte Hetland, sie davon abzubringen. »Erst macht ihr eure Aussage!«

Ein Rentner am Nebentisch, der mit dem Wirt Karten gespielt hatte, drehte sich zu Hetland um. »Junge ... niemand hier wird zugeben, was mit ihr gehabt zu haben. Schon gar nicht vor dir.«

»Ich bin als Polizist im Einsatz«, erklärte Hetland ohne jegliche Gefühlsregung. »Und ihr habt mir Rede und Antwort zu stehen, wie es das Gesetz verlangt!«

»Dann hol erst mal dein Gesetz her!«, rief Sven Larsen aus einer dunklen Ecke heraus. Hetland wusste, dass der Mann als Raufbold und Tunichtgut ein besonderes Image im Dorf genoss und oft an der Seite von Runar Mortensen zu sehen war, wenn es irgendwo Ärger gab. Und auch ohne Beisein von Mortensen gab es immer Ärger, wenn dieser Kerl sich länger als zwei Stunden irgendwo aufhielt.

Larsen saß bereits seit dem Zusammenstoß mit Odin Dahl in der Kneipe. Runar hatte sich mit einer Flasche Schnaps nach Hause verzogen. Ihm stand momentan nicht der Sinn nach Gesellschaft. Danach wollten sie sich hier treffen und seine Frau und seine Tochter holen. Sie waren mit Sicherheit bei den Sommers. Das würde eine nette Abwechslung geben, hatte Larsen gemeint, denn freiwillig kämen die sicher nicht mit. Larsen vermutete inzwischen jedoch, dass Runar nicht so bald kommen werde, besoffen und hundemüde, wie er gewesen war. Also musste er sich selbst Abwechslung verschaffen, bevor ihn gänzlich die Langeweile packte. Er stand auf und ging langsam auf Hetland zu.

Tor Einar ignorierte ihn. Er eilte zu einigen Männern, die aufgestanden waren und klammheimlich verschwinden wollten. Er stieß die Tür zu, bevor sie die Kneipe verlassen konnten, und stellte sich davor. »Ihr macht erst eure Aussagen. Dann dürft ihr gehen.«

»Hetland, das geht zu weit«, mischte sich der Wirt ein. »Du kannst nicht jeden unbescholtenen Bürger verdächtigen, nur weil dieses Luder nicht wusste, wann es genug war.«

Hetland ballte die Fäuste. Die einzige Regung.

Larsen schenkte Hetland ein fieses Grinsen, das auf seinen angetrunkenen Zustand schließen ließ. »Und? Wie war sie bei dir so ... im Bett?«

Der Wirt stellte sich ihm in den Weg. »Hör auf mit dem Unsinn, Larsen. Es reicht. Du hattest deinen Spaß.« Doch Sven Larsen schlängelte sich an Wahlstrom vorbei und stoppte knapp vor Hetland, ihre Gesichter wenige Zentimeter voneinander entfernt.

»Du willst eine Aussage machen?«, fragte Hetland kalt.

»Na ja, wenn du so fragst ... was genau willst du denn wissen? Wie wir es getrieben haben? Wo? Und wie oft?« Er riss die Hand wie zum Angriff hoch, verweilte eine Sekunde über seinem Kopf und kratzte sich dann am Schädel. Hetland hatte sich unter Kontrolle, ließ aber keine Bewegung seines Gegenübers aus den Augen. »Ja, wann war das noch ... stimmt, ist drei oder vier Tage her, da kam das geile Luder zu mir. Sie heulte sich die Augen aus, weil du es ihr nicht richtig besorgen konntest ...«

»Larsen, Schluss jetzt!« Der Wirt zerrte den Störenfried an der Schulter zurück. Noch in der Drehung holte Larsen aus und wollte dem Wirt einen Schwinger versetzen, doch dieser hatte damit gerechnet, duckte sich unter dem Schlag hinweg und versetzte Larsen postwendend einen Kinnhaken, der diesen zu Boden schickte. Wahlstrom blickte auf den Bewusstlosen zu seinen Füßen. »Kurz und schmerzlos. Diesmal nicht auf Kosten meiner Einrichtung, Bürschchen. Er gehört dir, Hetland.«

Tor Einar starrte auf den Mann am Boden. Niemand sprach ein Wort oder wagte sich zu rühren.

Hetland drehte sich schweigend um, öffnete die Tür und verließ die Kneipe. Mit offenen Mündern starrten sie ihm hinterher, doch kaum hatte er sich ein paar Meter entfernt, überschlugen sich die Stimmen ebenso wie die Vermutungen.

17

»Na endlich!«, sagte Ann Christin. »Ich dachte schon, du kommst gar nicht mehr. Du wolltest doch schon vor Stunden nach Erik sehen, Noah. Jetzt ist es fast acht Uhr und ...«

Noah legte Ann Christin die Hände auf die Schultern und schob sich an ihr vorbei ins Haus. »Schon gut, Ann Christin, jetzt bin ich ja da. Wie geht es ihm?«

»Hallo, Onkel Noah!« Jan stürmte in den Flur, seine kleine Cousine an der Hand mit sich ziehend. »Guck mal, wer da ist. Aurora darf heute auch bei uns schlafen! Und wir haben den ganzen Tag am Legodorf weitergemacht! Aurora hat eine Schule gebaut. Sie will da unbedingt hin.« Er zog eine Schnute. »Ich nicht. Mama sagt, ich muss im Sommer, aber ich will nicht.«

Die Kleine stellte sich Schutz suchend hinter Jan und blickte zu Boden.

Noah beugte sich zu den Kindern hinunter und warf Ann Christin einen fragenden Seitenblick zu. Sie verdrehte die Augen. Noah verstand und nickte, wandte sich an die Kinder. »Na, das ist ja schön, ihr zwei. Ja, weißt du, Jan, Schule ist nun mal wichtig. Und wenn du später richtige und große Häuser bauen willst, dann musst du dazu rechnen und schreiben können. Und das lernt man nun mal am besten in der Schule. Ich hätte auch nie Arzt werden können, wenn ich nicht lange in die Schule gegangen wäre.« Jan starrte ihn nachdenklich an, zuckte dann die Schultern und hielt Noah ein halb fertiges Bauteil hin.

»Später, Jan. Ich will erst nach deinem Papa sehen. Du weißt ja, er ist krank und braucht Ruhe.«

»Ich glaub nicht, dass der krank ist«, erzählte Jan kichernd. »Der tobt da oben ganz schön wild mit Onkel Odin rum. Wir wollten mitspielen, aber die lassen uns nicht ins Zimmer.«

Noahs Blick ging zu Ann Christin.

»Er ist seit einer Stunde wach und will aus dem Bett«, beantwortete sie seine wortlose Frage.

»Hat er was gesagt?«, ertönte eine Stimme hinter Noah. Es war Carl Morgan.

Sie schrak zusammen. »Oh, hallo, Carl, ich hab dich gar nicht gesehen …« Sie wurde blass. »Nein. Kein Wort bringt er heraus. Warum bist du denn da? Ist etwas passiert?«

»Das würde ich auch gern wissen«, erwiderte Carl und ging zielstrebig an der Frau, den Kindern und an Noah vorbei in Richtung Treppe. »Mal schauen, was Erik uns zu sagen hat.«

»Wieso Erik?«, fragte Ann Christin verwirrt und wollte ihm wie Noah folgen, wurde jedoch von den spielenden Kindern daran gehindert, die das Ganze als Spiel begriffen und ihr den Weg versperrten.

Lass mich endlich raus, verdammt!, formulierte Erik zum wer weiß wievielten Mal in seinen Gedanken. Aber Odin schien ihn nicht zu hören, er reagierte nicht. Hielt ihn stattdessen im Bett fest. Was sollte das nur? Und wie sah der überhaupt aus? Schwellungen und Verfärbungen im Gesicht, aufgeschürfte Hände. Hatte er sich geprügelt? Mit wem? Was bedeutete das alles? Erneut versuchte er sich aufzusetzen. *Ich muss in die Backstube, sofort! Die Leute brauchen ihr Brot!*

Odin drückte den Freund zurück auf die Matratze.

»Na, na, na«, meinte Noah von der Tür her und trat ans Bett. »Was ist denn hier los?«

Noah! Erleichtert blickte Erik auf den Arzt. *Du musst mir helfen! Odin will mich nicht aus dem Bett lassen, und ich muss doch in die Backstube. Das Dorf braucht doch mein Brot und …*

Noah zog eine Spritze auf. *Wenn das nur Odin nicht mitbekam.* Und Carl Morgan, den alten Polizisten, hatte er auch noch zur Verstärkung mitgebracht. Gut! Sie würden ihn gleich vom verrückt gewordenen Freund befreien und …

Aber was war das? Noah legte nicht Odin den Stauschlauch an, sondern ihm! Er war es, der hier die Spritze bekommen sollte! Fassungslos suchte er nach Worten und fand keine, wollte sich wehren, aber Odin war stärker. Als Erik den Stich der Nadel spürte, wusste er, dass er verloren hatte. Er sackte zusammen und fühlte sich innerhalb von wenigen Augenblicken müde und schlaff.

»So, Erik, und nun erzähl mal«, verlangte Carl Morgan, der sich neben Noah geschoben hatte. »Was war da draußen los, mit Liv und dir?«

Das konnte alles nicht wahr sein. Sein Freund hielt ihn gefangen, und anstatt ihm zu helfen, setzte der Arzt ihn selbst außer Gefecht. Und Carl stellte dumme Fragen … Liv?

Gleich darauf wurde ihm schwarz vor Augen.

Noah zog Carl sachte beiseite. »Lass ihn in Ruhe. Er hat ein Psychotrauma erlitten und ist nicht ansprechbar.«

»Warum hast du ihm auch diese Spritze gegeben?«, warf Morgan ihm vor. »Wie soll ich ihn denn jetzt befragen?«

»Willst du seine Gesundheit riskieren, bloß auf eine Vermutung hin?«, erwiderte Noah.

»Was für eine Vermutung?«, wollte Ann Christin wissen, die in der Tür stand. Auch Odin horchte auf.

»Lasst uns unten weitersprechen«, verlangte Noah, »Erik braucht Ruhe.«

Sie versammelten sich im Wohnzimmer. Ann Christin, die zu aufgeregt war, um sich hinzusetzen. Sigrid, deren Eheprobleme auch dem Arzt bekannt waren und die sich dauernd an die Oberarme fasste, als würden sie schmerzen. Er kannte diese Geste leider viel zu gut. Odin Dahl, der drogensüchtige Freund von Erik, der mit dessen Hilfe versuchte, clean zu werden. Er hatte gute Chancen, vor allem, weil Drogen hier vor Ort schwer zu beschaffen waren. Im Moment sah er aus wie ein geprügelter Hund. Noah ahnte Schlimmes. Er wusste, wen Odin hätte ansprechen können, um an Drogen zu kommen. Hatte er dies getan und nicht zahlen können? War er deshalb verprügelt worden? Noah konnte sich noch gut an Odins Eltern erinnern. Die Mutter war nach der Scheidung durchgebrannt. Der Vater hatte mit Schlägen nicht gespart. Er starb, als der Junge vierzehn war, und hinterließ ihm einen Schuldenberg. Um die Kredite tilgen zu können, hatte das Elternhaus an Magnus Paulsen verkauft werden müssen. Mit dem Geld, das Odin noch geblieben war, war er über Nacht aus Kongesanger verschwunden. Zurückgelassen hatte er nur einen Brief, in dem er mitteilte, er wolle in die große Stadt, Künstler werden.

Carl hatte sich in den Sessel fallen lassen, mit einem deutlichen Knacken eines seiner verbrauchten Gelenke. Noah selbst machte das Rheuma zu schaffen, und er wünschte sich einmal mehr, seinen Ruhestand weniger aktiv verbringen zu können.

Behutsam lehnte er die Tür zum Esszimmer an, um die Kinder aus dem folgenden Gespräch auszuschließen, trat näher an den brennenden Kamin und spürte die trockene Wärme des Holzfeuers.

»Ich will jetzt endlich wissen, was los ist!«, sagte Ann Christin aufgebracht.

Carl machte es kurz und schmerzvoll. »Wir haben heute Liv Paulsens Leiche gefunden. Ermordet.«

»Was?«, stießen die Frauen fast wie aus einem Mund hervor. Odin Dahl zuckte zusammen, sagte aber nichts.

»Nils Haugen hat Eriks Ruderboot herrenlos im Hafenbecken treibend gefunden. Später entdeckte er Livs Leiche draußen im Seitenarm. Und bei ihr lag Eriks Hochseeangel«, erzählte Carl und ließ die Frauen nicht aus den Augen.

Ann Christin wurde bleich. Sie ließ sich ins Sofa sacken. »Aber … aber …«

Noah mischte sich ein und setzte sich zu ihr. »Ann Christin, Erik hat dieses schwere Trauma. Er scheint am Fundort der Leiche gewesen zu sein. Wir wissen nicht, was passiert ist …«

»*Noch* nicht«, warf Carl ein.

»… aber alle Indizien sprechen dafür, dass Erik irgendetwas weiß, gesehen oder getan hat.«

»Ihr glaubt doch nicht ernsthaft, er hätte sie … ermordet?«, flüsterte Eriks Frau entsetzt. »Er wollte doch nur zum Angeln …«

Sigrid Mortensen schüttelte heftig den Kopf. »Nein! Erik würde so etwas nie tun! Er hätte auch gar keinen Grund dafür! Er nicht!«

Ann Christin starrte die Schwägerin an. »Er nicht, aber …«

»Aber?«, hakte Carl nach.

Abermals schüttelte Sigrid den Kopf. »Du denkst … nein, das kann ich mir nicht vorstellen … warum sollte er das tun?«

»Wer?«, fragte nun Noah.

Sigrid wandte sich ab und verbarg das Gesicht hinter den Händen. Ihre Schultern bebten. Sie weinte leise. Ann Christin ging zu ihr und nahm sie tröstend in den Arm.

»Wer hätte einen Grund gehabt, Liv zu töten?«, überlegte Carl laut.

»Ja, wer wohl …«, flüsterte Odin und schlang sich die Arme um den Körper.

»Wohl so ziemlich jeder in diesem Kaff«, schnaubte Ann Christin erbost. »Wie viele Ehen hat sie in den letzten Jahren zerstört? Mit wem hat sie es nicht getrie…«

»Auch mit Erik?«, unterbrach Carl.

»Nein!«, fuhr Ann Christin ihn an. »Er ist nicht so ein Schwein wie Runar!« Erschrocken brach sie ab und hielt sich die Hand vor den Mund.

»Runar …«, überlegte Carl. »Ja, Runar wäre so eine Tat durchaus zuzutrauen. Wer Frau und Kind schlägt und es mit der Treue nicht so genau nimmt …«

»Carl, bitte!«, versuchte Noah ihn zu bremsen. »Wir sind hier nicht in einem Verhör. Ich kenne beide, Sigrid und Runar, von Geburt an. Auch du müsstest wissen, dass Runar dazu nicht fähig wäre! Und jetzt ist Schluss mit der Vernehmung!«

Doch Carl überhörte es. »Warum spielt uns Erik wohl den Stummen vor?«

»Das ist doch blödes Zeug!«, rief Odin dazwischen.

»Erik hatte keine Affäre mit Liv!«, schrie Ann Christin deutlich lauter als Odin mit Tränen in den Augen, sodass sein Einwurf unterging.

»Sicher?«, fragte Carl nachdrücklich. »Behaupten kann man viel. Zwei Personen müssten es aber ganz genau wissen. Die eine ist tot und die andere bringt den Mund nicht auf.«

18

Der Nebel wollte nicht weichen. Selbst in der tiefschwarzen Nacht versteckte er das Geschehen. So sah niemand die Gestalt, die sich dicht an Mauern und Zäunen entlang durch die Straßen schlich, bis sie ihr Ziel erreicht hatte. Unbemerkt lief sie um das erwählte Haus herum in den kleinen Garten.

Zunächst prüfte der Eindringling die Fenster und Türen. Alle waren verschlossen, auch die Terrassen- und die Kellertür, durch die man vom kleinen Holzanbau aus hinunterkam. Unüblich für Kongesanger. Nur wenige schlossen ihre Türen ab. Doch seit dem Mord an Liv hatten die Menschen Angst.

Da er auf diesem Weg nicht ins Haus gelangen konnte, ging er ein paar Schritte rückwärts in den Garten hinein und schaute nach oben. Versehentlich trat er auf dem Rasen auf ein vergessenes Gummitier, das sich sofort mit einem quietschenden Ton über die Misshandlung beschwerte. Der Unbekannte hob erschrocken den Fuß, erkannte den Störenfried und kickte ihn mit einem leisen Fluch in die niedrige Hecke.

Sein Blick glitt wieder die Fassade hinauf. Alles verschlossen, bis auf … ja, das Fenster zum Speicher unter dem Dach stand offen. Zwar unmöglich, dort ohne Weiteres hochzukommen, doch für diesen Fall hatte er vorgesorgt. Er zog einen länglichen Gegenstand aus der Tasche, entzündete ihn mit einem Feuerzeug und warf den zischenden Körper geschickt durch das schmale Fenster.

Lautlos, wie er gekommen war, verließ er den Garten über das Nachbargrundstück.

19

So gut hatte er sich schon lange nicht mehr gefühlt. Richtig ausgeschlafen. Selbst der Kleine hatte ihn in Ruhe gelassen. Draußen war es dunkel. Ab und an schob sich ein Flackern dazwischen. Nordlichter, nicht ungewöhnlich zu dieser Jahreszeit. Es knisterte. Erik dachte an die Wärme und Geborgenheit, die ihn vor seinem Kamin erfüllte. Er mochte den typischen Holzgeruch und die trockene Wärme, wie in der Backstube, die im krassen Gegensatz zur nassen Kälte draußen stand. Auch diese hatte ihre Reize, wenn er draußen im Fjord angelte, eingemummt in wasserdichte Kleidung, und nur das Prasseln des Regens auf seinem Hut hörte. Dann konnte er abschalten und alle Sorgen vergessen. Dann war er eins mit seinem Fjord.

Er drehte sich zur Seite und blickte seine Frau durch halb geschlossene Lider an. Das flackernde Licht spielte mit ihren zarten Zügen. Sie wirkte stets so zerbrechlich. Schuldgefühle regten sich in ihm. Er liebte sie sehr, aber es war wohl ein Fehler gewesen, sie in diese abgelegene Gegend zu bringen. Sie war ein typischer Stadtmensch, das hatte er gewusst, aber doch immer gehofft, ihr die raue, unverbrauchte Natur näherbringen zu können. Vergeblich. Sie litt entsetzlich unter der Einsamkeit, dem Mangel an Möglichkeiten, mal etwas zu unternehmen oder überhaupt aus dem Ort zu kommen. Und er konnte nichts tun. Er war hier geboren und aufgewachsen und würde hier vermutlich auch sterben. Es war sein Zuhause. Seine Heimat. Die Menschen brauchten ihn. Ihren Bäcker. Aber er würde alles dafür tun, Ann Christin zu schützen.

Düstere Gedanken drängten sich in seine noch schläfrigen Sinne. Von Tod und Verwesung. Von ... er versuchte, sich zu erinnern. Kälte kroch ihm den Nacken hoch. Oder war das Angst? Eine Warnung? Eine schreckliche Fratze, die ihn anstarrte ... was konnte ihn so erschreckt haben, dass ... Er versuchte, sich zu erinnern, was danach geschehen war, wer es gewesen war, aber er konnte es nicht. Es war, als würde jede Anstrengung, sich zu erinnern, den nebelhaften Gestalten in seinem Kopf auch noch die letzten Konturen nehmen. Sie zerflossen, ohne preiszugeben, wer sie waren.

Erik schloss die Augen und bemühte sich, das gesuchte Bild wiederherzustellen. Vergeblich. Leicht verärgert über seine Unfähigkeit atmete er tief durch. Die Arbeit wartete. Er musste aufstehen. In Gedanken ging er durch, was heute anstand. Das Übliche. Dann noch die bestellte Torte für eine Geburtstagsfeier. Ein wenig Abwechslung. Noch ein tiefer Atemzug ... aber irgendetwas stimmte nicht. Plötzlich wandelte sich der angenehm duftende Holzgeruch in beißenden Gestank. Die Polarlichter wurden zu flackernden Flammen. Es kratzte in seinem Hals. Erik begriff.

»Feuer!«, wollte er schreien, doch kein Wort kam über seine Lippen. Als würde ein Pfropfen in seiner Kehle stecken. Panik nahm ihn in Besitz. Plötzlich war er hellwach. Das Blut schoss ihm in den Kopf. Sein Herz pumpte mit Höchstleistung. Er sprang aus dem Bett. Seine Beine fühlten sich taub an, und nur mit Mühe gelang es ihm, zum Fenster zu gehen. Er öffnete es und sah hinaus. Offensichtlich kamen das Flackern und der Gestank von oben, vom Speicher. Er musste die anderen warnen, aber es ging nicht! Wie sollte er sich bemerkbar machen?

Ein lauter Knall. Die Erschütterung war im ganzen Haus spürbar. Erik sah zum Bett hinüber, wo sich Ann Christin aufgesetzt hatte, und versuchte, das Geräusch zu identifizieren, das sie aufgeweckt hatte. Bleich wie ein Gespenst saß sie da.

Erik konnte ihre Untätigkeit nicht fassen. Sah sie denn nicht, was hier los war? Es brannte! Lebensgefahr! *Wo ist Jan?* Er fühlte schon seine Sinne schwinden, als es mit einem Mal doch noch aus ihm herauszuströmen begann: »Feuer!«, sagte er zunächst leise, dann lauter, und schließlich schrie er aus Leibeskräften. »Feuer! Feuer! Feuer!«

Ann Christin begriff. Das Haus brannte! Die Flammen fraßen sich bereits durch die Decke. Noch war der Weg zur Tür frei, aber jeden Moment konnte die Decke auf sie herabstürzen.

Erik riss seine Frau aus dem Bett und schob sie hastig in Richtung Tür. »Raus! Wir müssen hier raus! Schnell!«

»Die Kinder! Oh, mein Gott, die Kinder!« Ann Christin rannte auf den Flur. Auch hier fraß sich das Feuer schon durch die Decke. Der Rauch schmerzte in ihren Lungen. Sie hustete und suchte nach den Türklinken, die in den Schwaden nicht mehr zu erkennen waren, stolperte gegen das Schränkchen, riss Vasen und anderes um, das darauf stand, tastete sich weiter. Ihr Husten wurde schlimmer. Sie sackte mehrmals in die Knie.

Erik packte sie und schob sie zur Treppe. »Raus!«, röchelte er hastig. »Ich hol Jan. Ruf Gunnar!«

Sie wollte sich weigern, aber er war schon im Dunst hinter ihr verschwunden. Sie hatte keine Kraft, ihm zu folgen. Was hatte er gesagt? Gunnar anrufen. Klar – die Feuerwehr! Sie stolperte die Treppe hinab. Bis hierher war das Feuer noch nicht gekommen. Sie rannte zur Haustür, riss an ihr, doch sie war verschlossen. Mit zitternden Fingern drehte sie den im Schloss steckenden Schlüssel, eilte hinaus, hustete und nahm einen Zug sauberer Luft. Dann schrie sie aus Leibeskräften: »Feuer! Helft uns! Feuer! Feuer!«

20

Gunhild Paulsen war in den Armen ihres Mannes zusammengebrochen. Sie lag völlig erschöpft auf einer Hälfte des großen Bettes im Schlafzimmer der Suite, in der Noah ihnen die Nachricht vom Tod ihrer Tochter überbracht hatte. Noah hatte der von Weinkrämpfen geschüttelten Frau eine Beruhigungsspritze gegeben. Die Aufregung war zu viel für sie und ihren hohen Blutdruck. Da sie ohnehin schon mit ihrem Diabetes zu kämpfen hatte, war er äußerst besorgt um ihre Gesundheit. Auch er benötigte dringend Ruhe, er hatte die ganze Nacht nicht geschlafen.

Gunnar Paulsen, Livs zwei Jahre älterer Bruder, saß seit dem Abend an Gunhilds Seite. Er hielt ihre Hand, streichelte sanft darüber und sprach beruhigend auf seine Mutter ein. Ohne eine Regung lag sie da, hielt die Augen geschlossen und wimmerte in ihrem Dämmerzustand. Sie ganz in den Schlaf zu versetzen, hatte Noah aufgrund ihrer Krankengeschichte nicht gewagt. So bekam sie alles mit, was um sie herum passierte, wenn auch wie in Watte gepackt.

Bürgermeister Magnus Paulsen strich unruhig durch den Raum. Er versuchte die Zusammenhänge um den Mord an Liv zu verstehen und gleich hier im Zimmer aufzuklären, und fragte Noah unablässig nach weiteren Fakten. Bei jeder Frage wimmerte Gunhild lauter. Sein Sohn schickte ihm verstohlen strafende Blicke, die Magnus jedoch geflissentlich übersah. Der Schweiß rann ihm in Strömen über das Gesicht. Auch er war gesundheitlich nicht auf der Höhe. Die viele Arbeit, die Verantwortung und der Stress hatten Spuren hinterlassen.

»Magnus, halt inne und setz dich bitte endlich mal hin«, verlangte Noah.

Dieser schüttelte nur den Kopf. »Nein, ich kann mich jetzt nicht ausruhen. Ich muss den Mörder meiner Tochter finden.«

»Das ist die Aufgabe der Polizei, mein Freund«, erinnerte Noah ihn zum wohl sechsten Mal, »sie werden sich darum kümmern, sobald die Hubschrauber wieder fliegen können. Wenn sich der Nebel erst verzogen hat. Sie werden den Schuldigen finden, Magnus, ganz sicher!«

»Warum nur?«, fuhr Magnus fort. »Sie hat doch niemandem was zuleide getan. Sie war doch so ein liebes, braves Mädchen …« Das kurze, leise Schnauben seines Sohnes entging ihm nicht. Verärgert fuhr er zu ihm herum. »Das war sie, und du als ihr Bruder solltest das wirklich wissen!«

Gunnar schüttelte den Kopf. »Wann wirst du endlich einsehen, dass Liv nicht so unschuldig und brav ist … *war* … wie du sie immer gesehen hast? Liv und ihre Männergeschichten! Es gibt vermutlich ein Dutzend Personen, die ein Motiv gehabt hätten, sie …«

»Gunnar, bitte!«, unterbrach Noah ihn.

Gunhild wimmerte wieder lauter. Ihre Augenlider zitterten. Beschämt wandte sich Gunnar wieder seiner Mutter zu und sprach beruhigend auf sie ein.

»Untersteh dich, so von deiner Schwester zu reden!«, rief Magnus erbost und zeigte seinem Sohn die geballte Faust. Doch beim Anblick seiner Frau verpuffte seine Wut, und er wandte sich wieder ab. »Ihr habt also Erik Sommers Angel bei ihr gefunden, sagst du?«

Noah schüttelte den Kopf. »Ja, aber das muss nichts heißen. Wir kennen Erik. Er würde nie …«

»Und warum nicht?«, rief Magnus aufgebracht und eilte auf Noah zu, den Zeigefinger drohend erhoben. Noah roch den kalten Schweiß und sah in glasige Pupillen. Auch Magnus stand unter Schock, doch er lebte ihn anders aus als Erik Sommer. »Bestimmt wollte er sich rächen, weil …«

»Weil?«, hakte Noah nach, als Magnus innehielt. »Ich denke, du solltest dich jetzt dringend ausruhen!«

Dieser winkte ab, war mit seinen Gedanken schon wieder ganz woanders. »Ach, nichts weiter. Er hat mein Angebot abgelehnt, Backwaren für das Hotel zu liefern. Ihm passte der Preis nicht.«

»Na und?«, fragte Noah, dem schwante, dass dies nicht alles gewesen sein konnte.

»Ich habe ihm nur zu verstehen gegeben, dass wir dann eine eigene Backstube aufmachen würden.« Magnus drohte mit dem Finger. »Und das hat ihm ganz und gar nicht gepasst! Wer weiß, wozu dieser Mensch fähig ist? Sind doch meistens die lieben, netten, unauffälligen Mitbürger, die sich plötzlich als die schlimmsten Verbrecher herausstellen!«

»Vater, das ist lächerlich! Glaubst du wirklich, Erik wird wegen deines Geizes und ein paar Brötchen zum Mörder? Weißt du, warum Liv wirklich sterben musste? Sie war ein Flittchen, Vater! Der halbe Ort war mit ihr im Bett. Wann siehst du das endlich ein?«

Mit ein paar Schritten war Magnus bei seinem Sohn und gab ihm eine schallende Ohrfeige, die dieser wortlos hinnahm. »Nie! Hörst du! Nie wieder behauptest du so etwas von deiner Schwester!«

»Schluss jetzt!«, rief Noah. Seine Worte verhallten wirkungslos.

»Du kannst die Wahrheit noch so oft leugnen, sie verändert

89

sich dadurch nicht, Vater! Ihr Verhalten war krankhaft. Und das kommt nicht von ungefähr.«

»Willst du damit sagen …« Heiser brach Magnus ab und zerrte am Kragen seines durchgeschwitzten Hemdes.

»Deine Tochter konnte gar nicht mehr anders. Wie oft hab ich versucht, euch zu erklären, dass ihr Liv helfen müsst! Aber ihr habt mich jedes Mal abgewiesen und euer braves Mädchen in Schutz genommen!«

Noah war besorgt ins Badezimmer geeilt, kam mit einem Glas Wasser wieder und reichte es Magnus. »Trink das! Und dann Schluss. Bremst euch ein, Herrgott noch mal!«

Mit einer unwilligen Geste und ohne seinen Sohn aus den Augen zu lassen, lehnte Magnus das Wasser ab. Doch Noah ließ sich nicht beirren und drückte Magnus das Glas energisch in die Hand. »Trink das, Magnus. Du stehst kurz vor einem Kollaps!«

Noch immer starrte Magnus beinahe hasserfüllt seinen Sohn an.

»Und einmal ehrlich, Vater, du warst doch nie für sie da«, holte Gunnar mit bebender Stimme noch einmal aus. »Du hast dich doch immer nur um deine Geschäfte gekümmert und uns eingetrichtert, wie wichtig dein verdammtes Geld ist. Und wie müßig es ist, Beziehungen zu anderen aufzubauen. Du hast doch keine Ahnung von Freundschaft, Liebe! Du und Mama, ihr habt doch immer nur auf das Äußere der Leute geschaut, aber nie gesehen, wie sie wirklich sind!«

Magnus keuchte, rang nach Luft und Worten und ging wieder auf seinen Sohn zu. Im Hintergrund wimmerte Gunhild schon beinahe durchdringend. Noah schob sich zwischen Vater und Sohn, versuchte zu schlichten, zu beruhigen, da wurde die Tür aufgerissen. Ein Angestellter des Hotels stand aufgeregt und atemlos in der Tür: »Feuer! Es brennt! Die Bäckerei …« Im selben Augenblick ertönte die Feuersirene.

Gunnar Paulsen, Chef der örtlichen Feuerwehr, rannte aus dem Zimmer.

Noah war hin- und hergerissen zwischen der Verantwortung, sich einerseits um Gunhild und Magnus und andererseits um die eventuellen Opfer des Brandes zu kümmern. Das Adrenalin überflügelte seine Müdigkeit. Nun, da Gunnar nicht mehr bei ihnen war, konnte er die Paulsens wohl für einige Zeit sich selbst überlassen.

»Wenn etwas ist, ruft ihr mich sofort an. Bleibt hier und versucht, zur Ruhe zu kommen. Ist das klar?«, befahl Noah in ungewohnt resolutem Tonfall.

Magnus entgegnete: »Ich bin immer noch der Bürgermeister hier, und wenn es brennt ...«

»Jeder im Dorf weiß, was ihr gerade durchmacht. Wenn du jetzt durch Kongesanger ziehst, machst du es nur schlimmer. Leg dich hin, los!«

Magnus resignierte und ließ sich neben seiner Frau auf das Bett fallen. Noah ging schnellen Schrittes zur Tür. Der Feuerschein war von Weitem zu sehen: Bei den Sommers brannte es lichterloh.

21

Auf der einsamen Jagd nach dem Mörder seiner Geliebten war Tor Einar Hetland noch am Abend mit einem kleinen Motorboot in den Fjord hinausgefahren. Dort hatte er mit den Fotos vom Tatort in der Hand vergeblich nach der Stelle gesucht, wo man die Leiche gefunden hatte. Es war schon viel zu dunkel und der Fundort lag zu versteckt, nur ein Einheimischer hätte sich bei diesen Bedingungen ausgekannt. Er musste dringend mit dem Fischer reden, was dieser da zu suchen gehabt hatte. Auch mit Erik Sommer musste er bald sprechen, aber von dem Arzt wusste er, dass er noch immer nicht vernehmungsfähig war.

Zu wenige schienen sich wirklich um den Mordfall in Kongesanger zu kümmern. Kaum jemanden schien es zu interessieren, wer der Mörder war und warum er sich ausgerechnet die Tochter des Bürgermeisters als Opfer ausgesucht hatte. Mit seinem analytischen Verstand versuchte der junge Polizist, Licht in das dunkle Geschehen zu bringen. Nur eines gestattete er sich nicht: Gefühle zuzulassen, die ihn übermannen würden. So stand ihm nur die kalte Leere in seinem Inneren zur Seite.

Es war mitten in der Nacht, aber dennoch suchte er die Wohnung von Carl Morgan auf, klingelte Sturm, doch dieser öffnete nicht. Womöglich hatte er noch mehr Alkohol in sich hineingekippt und sich dann mit Schlafmitteln vollgepumpt. So musste er ohne die zugesagte Hilfe des Polizisten a. D. auskommen.

In Gedanken ging er nochmals allen Spuren nach, die Morgan und der Arzt zusammengetragen hatten. Nun stand die Vernehmung der Eheleute Paulsen auf seiner gedanklichen Liste. Keine Sekunde dachte er an Schlaf, geschweige denn an die Uhrzeit.

Noah war auf dem Weg zur Brandstätte noch nicht sehr weit gekommen. Bisher brauchte man ihn dort offensichtlich nicht – sein Handy war still geblieben, aber er wollte sich unbedingt vergewissern, dass alle unverletzt waren. Schließlich wohnten zuletzt auch Sigrid und Aurora darin, von denen die Einsatzkräfte womöglich noch nichts wussten.

Nicht einmal in seinen besten Zeiten hatte er in diesem kleinen, beschaulichen Dorf so viel zu tun gehabt wie in den letzten Stunden. Seine Gelenke und Muskeln schmerzten, und im Geiste setzte er sich schon selbst auf die Liste seiner Patienten. Da kam ihm Tor Einar Hetland entgegen.

»Hallo, Hetland«, grüßte der Arzt und hielt den jungen Polizisten an. »Wohin willst du?«

»Ich muss die Eltern der Ermordeten vernehmen«, erzählte Tor Einar mit einer Kälte in der Stimme, die den Arzt wiederholt frösteln ließ. »Später komme ich dann zu dir. Auch deine Aussage benötige ich noch.«

Noah versuchte, ihn zurückzuhalten. »Tor, du kannst die Paulsens jetzt nicht vernehmen. Ich musste Gunhild ruhigstellen, sie ist der Aufregung gesundheitlich nicht gewachsen. Und Magnus steht kurz vor einem Herzanfall.«

Hetland blieb stehen, schien kurz nachzudenken, blickte am Arzt vorbei. »Also gut«, meinte er schließlich, »dann nehme ich zuerst deine Aussage auf.«

Noah stellte sich vor den jungen Mann, sodass dieser ihn ansehen musste, und musterte ihn mit ärztlichem Blick. Der Gemütszustand Hetlands machte ihm Sorgen. »Du solltest die Ermittlungen nicht selber führen, Hetland. Die Kollegen aus Trondheim ...«

»... sind nicht hier. Ich bin der einzige Polizist vor Ort«, erwiderte Hetland. »Warum sollte das also nicht meine Aufgabe sein?«

»Tor«, der Arzt versuchte, zu ihm durchzudringen. »Ich verstehe, dass dich das tief getroffen hat und du sehr unter dem Verlust leidest, aber ...«

Hetland blickte ihn fragend an.

Noah seufzte und schüttelte den Kopf. »Du willst es nicht wahrhaben, oder? Begreif doch, du kannst jetzt nichts weiter tun. Komm, kümmern wir uns zuerst mal um das Feuer.«

»Welches Feuer?«

Noah glaubte, seinen Ohren nicht trauen zu können. »Na, dreh dich mal um!«

Tor Einar blickte über seine Schulter und sah die Feuersäule am Dach der Bäckerei, gut zweihundert Meter entfernt. Jetzt erst bemerkte er auch den Lärm, der aus der Richtung des Feuers kam, und sah Menschen dorthin laufen. Als hätte ihn jemand abrupt aus der Trance gerissen, schüttelte er den Kopf und rannte los. Noah seufzte und setzte seinen Weg ebenfalls eilig fort, doch rennen konnte man es bei ihm nicht mehr nennen.

22

Erik Sommer beteiligte sich nach Kräften an den Löscharbeiten.

Nachdem er Ann Christin aus dem Haus geschickt hatte, war er in Jans Zimmer gestürmt, das noch nicht so stark verraucht gewesen war, hatte Jan fest unter den Arm geklemmt und beim Vorbeigehen noch die Tür zu Odins Zimmer aufgestoßen – sein Freund war aber offensichtlich nicht mehr im Haus, denn Erik hatte ihn weder im Zimmer gesehen, noch eine Antwort auf seine Rufe erhalten. Ob die anderen endlich kapiert hatten, dass nicht er, sondern Odin durchgedreht war, als dieser ihn gegen seinen Willen im Bett festgehalten hatte? Hatte man ihn weggebracht? War er deshalb nicht mehr hier? Verwundert hatte Erik dann Sigrid und Aurora vor sich die Treppe hinunterlaufen sehen. Wieso waren sie hier? Wieso wusste er nichts davon? Wer war sonst noch anwesend und warum?

Das Feuer breitete sich über den Dachstuhl aus. Der Fluchtweg nach unten war zum Glück nicht versperrt gewesen.

Eriks und Ann Christins Schreie hatten den halben Ort aufgeweckt und nach wenigen Sekunden ertönte die Feuersirene. Die meisten Dorfbewohner waren binnen weniger Minuten vor Ort und halfen, wo sie nur konnten. Nachdem niemand zu Schaden gekommen war, galt Eriks größte Sorge nun seiner

Lebensgrundlage, der Backstube. Dennoch entging ihm nicht das Gerede um ihn herum. »Liv ermordet, und jetzt das …« Er nahm es nur am Rande wahr. Sein Verstand wollte es ohnehin nicht glauben. Jemand hatte Liv Paulsen ermordet? Wie absurd! Doch je mehr er hörte, desto kälter kroch ihm die Angst in den Nacken. Noch konnte er nicht sagen, warum.

Niemand wusste zu diesem Zeitpunkt, wo genau und wieso das Feuer ausgebrochen war, aber jeder im Dorf half, es zu löschen, bevor es auf andere Gebäude übergreifen konnte. Das tat man seit Generationen, und dass die Einwohner in Notsituationen zusammenhielten, war schon fast Bestandteil des Erbguts. Zu sehr war man hier draußen aufeinander angewiesen. Selbst Leute, die sich im täglichen Leben spinnefeind waren, vergaßen dies in der Not augenblicklich.

Trotz der fürchterlichen Tatsache, dass seine Schwester ermordet worden war, reagierte Gunnar Paulsen, wie man es von ihm erwartete. Es gelang ihm und seiner Truppe aus Freiwilligen, das Übergreifen der Flammen auf andere Gebäude zu verhindern und den Brand immer weiter einzudämmen.

So schnell, wie sich das Feuer durch die Balken gefressen hatte, verbreitete sich auch die Nachricht von Livs Tod unter den Dorfbewohnern. Beileidsbekundungen winkte Gunnar mit einer schnellen Handbewegung ab und widmete seine volle Aufmerksamkeit der Brandbekämpfung.

Eine Gruppe Frauen stand in einiger Entfernung zum Feuer und kümmerte sich um die Kinder, die, teils neugierig, teils erschreckt, auf das Geschehen blickten. Zu Hause konnte man sie nicht lassen – zu groß wäre das Risiko gewesen, dass sie sich auf Entdeckungstour gemacht hätten. Auch Jan war unter den Kindern, während sich seine Eltern an den Löscharbeiten beteiligten.

»Habt ihr das von der Tochter des Bürgermeisters gehört?«
Die Besitzerin des kleinen Friseurladens stürzte aufgeregt auf
die Gruppe zu.

Eine ältliche Witwe verzog das Gesicht. »Nein, was hat sie
denn nun wieder angestellt?«

»Sie ist tot! Sie wurde ermordet!«, gab die Friseurin ihr Wissen so leise preis, dass die Kinder sie nicht hören konnten.

Ein ungläubiges Raunen ging durch die Gruppe.

»Ermordet?«, fragte eine der jüngeren Frauen verängstigt.
»Oh Gott!«

»Er soll sie misshandelt und schrecklich zugerichtet haben«,
flüsterte die Friseurin vertraulich. »Regelrecht verstümmelt hat
er sie! Gunhild ist zusammengebrochen und dem Tode nah!«

Die Bankierswitwe schüttelte den Kopf. »Das war ja klar,
dass mal so was passiert! Dieses Luder! Wäre mein Walter noch
am Leben, hätte sie es bestimmt auch bei ihm versucht. Aber
der hätte ich was erzählt!« Mit erhobener Faust drohte sie in
die Nacht.

Eine junge Frau blickte verängstigt um sich. »Und … weiß
man schon, wer es gewesen ist?«, fragte sie leise in die Runde.

»Ha!« Bille, Nils Haugens Frau, eine rundliche, energische
Person, lachte böse auf. »Da kommen wohl so gut wie alle in
Frage. Die hat doch jeden Mann vernascht, egal, wie alt! Das
junge Ding war doch nicht mehr bei Sinnen!«

»Na, du musst es ja wissen«, meinte die Witwe in Richtung
Bille Haugen.

»Was soll das denn heißen?«, sprang diese sofort darauf an.

Keine der Frauen achtete mehr auf das Feuer oder die
Kinder.

»Vielleicht war's ja dein Mann«, mutmaßte die Witwe und
zupfte an ihrer Frisur herum. »Wie man hört, konnte er ja auch
nicht nein sagen.«

Empört stemmte die Fischersfrau die Arme in die Hüften.

»Mein Nils? Bist du noch bei Trost? Mein Nils würde so was nie machen! Der fällt doch nicht auf so ein Flittchen rein!«

»Ach nein?«

»Willst du etwa behaupten …«, brauste Bille auf und stürmte auf die Witwe zu.

Eine andere ging mutig dazwischen. »Bitte, das bringt doch nichts. Ist doch schon schlimm genug, dass hier ein Mörder frei rumläuft! Wir sollten uns nicht auch noch gegenseitig verdächtigen.«

»Ach ja?«, fuhr Bille sie an.

»Und was ist mit diesem jungen Polizisten aus der Stadt?«, fragte die Friseurin. »Der hatte doch auch was mit ihr. Die waren doch sogar fest zusammen, wie es hieß. Obwohl – so eifersüchtig, wie der ist … ich hab die mehr als einmal streiten sehen.«

Ella Langstrom war die direkte Nachbarin der Sommers. Ihr Mann half bei den Löscharbeiten. Ihre Sorge galt mehr dem eigenen Haus denn der Suche nach einem Mörder. Nachdenklich schaute sie auf das brennende Gebäude. »Vielleicht hängt das hier ja mit Livs Tod zusammen. Zwei solche Katastrophen in so kurzer Zeit … Kann das ein Zufall sein?«

»Ihr könnt mich für verrückt halten, aber ich weiß nicht …«, meinte die Witwe Nolte plötzlich. »Neulich sah ich unseren Bäcker volltrunken durch die Straßen torkeln. Er wirkte ziemlich verstört und brabbelte so ein komisches Zeug vor sich hin …«

»Das behalte mal schön für dich, du alte Klatschbase«, fuhr Ella Langstrom die Witwe an. »Erik Sommer ist weder ein Trunkenbold noch ein Mörder! Und schon gar nicht würde er auf so ein Flittchen wie Liv hereinfallen! Und was hätte er wohl davon, sein eigenes Haus abzubrennen?«

Eine Antwort blieb Erika Nolte schuldig, denn in dem Moment kam Sigrid Mortensen auf die Gruppe zu.

»Aurora?«, rief sie. »Aurora! Wo bist du?« Sie durchsuchte die Kindergruppe nach ihrer Tochter. Doch die war nicht da. »Habt ihr Aurora gesehen? Ist sie denn nicht bei euch?«

»Ja – nein – Aurora?«, tönte es abwechselnd und im Chor.

»Jan, wo ist Aurora? Wo?«, rief Sigrid und packte Jan bei den Schultern. Erschrocken schüttelte der Junge den Kopf und fing an zu weinen.

Ohne ein weiteres Wort wandte Sigrid sich ab und lief auf die nächste Menschengruppe zu. Doch niemand hatte ihre Tochter gesehen. Die Frauen, die Aurora unter den beaufsichtigten Kindern gewähnt hatten, blickten einander fassungslos an.

Ann Christin stand in sicherer Entfernung zum Haus und starrte in die Flammen. Ihr Heim. Sie hatte es so liebevoll eingerichtet. Das Haus war der einzige Ort in Kongesanger, an dem sie sich geborgen gefühlt hatte. Alles war nun verloren, alles.

Wäre sie doch nur in der Stadt geblieben. Dort hatte sie alles gehabt, was sie hier vermisste. Angesagte Restaurants und Lokale. Einkaufsmöglichkeiten. Kulturelle Vielfalt. Weltoffenheit. Freiheit. Straßen. Ja, Straßen, auf denen man einfach überall hinkam. Man musste sich nur ins Auto setzen und …

Laute Rufe rissen sie aus ihren trüben Gedanken. Die Stimme ihrer Schwägerin. Nur langsam drangen die Worte in ihr Bewusstsein. Sigrid rief verzweifelt nach ihrer Tochter. Wieso? Ann Christin hatte doch gesehen, wie Jan und Aurora … hatte sie doch, oder? Sigrid war mit Aurora rausgekommen und die Kleine war jetzt mit Jan bei Ella und den anderen. Oder etwa nicht?

Ann Christin fing die Schwägerin ab. »Was ist los, Sigrid?«

Blankes Entsetzen spiegelte sich in den Augen der Mutter. »Ich weiß es nicht! Ich dachte, sie wäre bei den anderen Kindern drüben! Aber da ist sie nicht!« Sie biss sich in die Faust, um nicht sofort hysterisch loszuschreien.

»Sigrid!« Ann Christin rüttelte sie an den Schultern, kämpfte gegen die eigene Panik an.

»Aber da ist sie nicht«, wiederholte Sigrid leise. »Sie muss wieder ins Haus zurückgelaufen sein. Oh Gott! Ich muss sie da rausholen!« Sigrid riss sich von Ann Christin los und rannte zum brennenden Haus.

»Nein, stopp!«, rief Ann Christin ihr hinterher.

Sigrid hatte die Tür bereits erreicht. Einer der Feuerwehrleute konnte sie gerade noch rechtzeitig packen und davon abhalten, in das vom Rauch vergiftete Treppenhaus zu laufen. Gellend schrie sie wieder und wieder nach ihrem Kind.

Erik hielt seine Frau zurück, die ebenfalls zum Haus laufen wollte. »Bist du verrückt? Du kannst da nicht mehr rein!«

»Aber Aurora … sie ist vielleicht wieder im Haus!«, versuchte Ann Christin zu erklären.

»Nein«, erwiderte Erik. »Ich habe sie doch mit Jan bei den anderen Kindern gesehen. Sie ist in Sicherheit, Anni! Komm, beruhige dich! Das würde sie nie tun.«

»Aber Sigrid sagt …«

»Geh zu Ella. Sie ist bestimmt dort.«

Erik hatte nicht genug Kraft, sich um seine Frau zu kümmern. Er fühlte sich wie in einem Albtraum gefangen. Eben war noch alles in Ordnung gewesen, und nun fehlte ihm die Erinnerung an ein Ereignis, das ihn betraf und alles, was er liebte, Stück für Stück zu zerstören schien. Er ging einige Meter vom Haus weg und kauerte sich neben einer Mauer zusammen. Er fühlte sich unendlich müde, konnte seine Augen aber nicht von den Flammen abwenden. Einige Dachbalken brachen mit ohrenbetäubendem Krachen zusammen und rissen einen Teil der Fassade weg. Durch das Loch sah Erik direkt in seine Backstube. Das Lebenswerk seines Vaters war verloren.

23

In der Kindergruppe war Aurora zwar gewesen, aber plötzlich verschwunden. Während Ella Langstroms volle Aufmerksamkeit auf die verbliebenen Kinder gerichtet war, durchsuchten die anderen Frauen die unmittelbare Umgebung.

Sigrid lief zur Gruppe zurück, bückte sich zu Jan hinunter und legte ihre Hände auf seine Schultern. Jan zuckte zurück, aber Sigrid ließ ihn nicht los. »Du, das ist jetzt ganz wichtig. Wann hast du Aurora zuletzt gesehen?«

»Davor.«

Sie sah die Dummheit ihrer Frage ein und dachte kurz nach. »Spielt sie vielleicht Verstecken mit dir?«

»Darf ich nicht verraten«, antwortete Jan, und legte einen Zeigefinger an seinen Mund, »pssst!«

»Jan, bitte sag mir sofort, wo Aurora ist. Das ist kein Spaß. Du musst es mir sagen. Du … du bekommst ein Riesenspielzeug von mir, wenn du mir die Wahrheit sagst.« Ihre Worte überschlugen sich, doch sie erfüllten ihren Zweck.

»Echt? Was für eins?«

»Egal – was du willst.«

»Bekomm ich Lego?«

»Alles, Jan. Schnell, sag mir: Wo ist Aurora?«

Jan näherte sich Sigrids Gesicht und flüsterte in ihr Ohr: »Beim Schwarzen Mann. Psst! Nicht verraten!«

Das Grauen, das durch ihren Körper zog, raubte ihr den Atem. Wenn es stimmte, dass Menschen urplötzlich graue Haare bekamen, dann in Situationen wie diesen.

»Jan, gibt es den Mann wirklich? Oder habt ihr ihn erfunden? Hast du ihn gesehen?«

»Da hinten!« Jan deutete auf eine dunkle Hausecke in unmittelbarer Nähe. »Er hat uns auch Spielzeug versprochen, wie du, wenn wir nichts sagen.«

»Wer ist der Schwarze Mann? Hast du ihn erkannt, Jan?«

Er schüttelte den Kopf. »Der hat sein Gesicht versteckt.«

»Jan, hat der Schwarze Mann Aurora mitgenommen?«, fragte Sigrid.

Jan senkte den Kopf und nickte verschämt, als wäre ihm gerade klar geworden, dass er besser auf seine Cousine hätte aufpassen sollen. Der Ohnmacht nahe überlegte Sigrid, an wen sie sich nun wenden konnte. *Polizei*, schoss ihr zuerst durch den Kopf und dann über die Lippen.

»Polizei! Polizei!«, schrie sie mit aller Kraft.

Die Spekulationen und Schuldzuweisungen rund um Livs Tod fanden ein abruptes Ende, als Tor Einar Hetland alle Leute zusammenrief, die gerade nicht an der Brandstätte gebraucht wurden, um sie von Auroras Verschwinden zu unterrichten. Abschließend ergänzte er: »Geht in Zweiergruppen. Es gibt Hinweise darauf, dass Aurora von einem Fremden mitgenommen wurde. Wie ihr wahrscheinlich bereits wisst, ist Liv Paulsen ermordet worden. Jetzt der Brand hier und ein kleines Mädchen entführt – seid vorsichtig, das kann kein Zufall mehr sein. Hier ist ein Teufel am Werk!«

Die Paare fanden sich und vereinbarten mit Hetland, wer wo suchen würde. So durchforsteten die Bürger von Kongesanger ihr Dorf, schauten in jedes Haus, in jeden Keller, auf jeden Dachboden. Sie erinnerten sich an ihre Verstecke aus der Zeit, als sie selbst noch Kinder gewesen waren. Dort, im Stall, die Falltür zum alten Eiskeller. Doch die war meterhoch mit Gerümpel verstellt. Unter den verkehrt herum stehenden Ruderbooten am Ufer. Nichts. Das alte Baumhaus im Schulgarten. Auch dort war sie nicht. Die alten Lagerhäuser, die teils nicht verschlossen waren. Die Boote im Hafen, sofern man sie betreten konnte. Keine Spur von dem Kind.

Sie dehnten die Suche weiter und weiter aus. Auf den angrenzenden Wald, auf die Wiesen, bis hin zu den versteckten Pfaden, die zu den Bergen führten und nur den Jägern bekannt waren. Die Rufe wurden weniger. Mittlerweile war es hell geworden. Aurora blieb unauffindbar, und die Grüppchen fanden sich nach und nach wieder vor der Brandruine ein, wo sie Tor Einar Bericht erstatteten.

24

Eine Gestalt schwankte auf sie zu. Der Mann grölte schon von Weitem bekannte Namen. Sigrid. Aurora. Liv. Erik. Hetland. Bürgermeister. Polizei. Zunächst verstanden die Menschen sein Rufen nicht, doch da jeder hoffte, er komme mit Neuigkeiten über das vermisste Mädchen, wandten sie sich ihm zu. Es war Runar.

»Hast du sie gefunden?«, rief Bille Haugen, die ihm am nächsten stand.

»Wen?« Der vom Alkohol der letzten Nacht verursachte Ausdruck in den Augen des hochgewachsenen, gut gebauten Mannes machte einem verständnislosen Blick Platz. Er hielt sich den Schädel, als hätte er kräftige Kopfschmerzen.

Bille stemmte die Arme in die runden Hüften. Runar konnte sich kaum auf den Beinen halten. Die Fahne, die ihr entgegenwehte, verursachte Übelkeit. »Deine Tochter! Verdammt, Runar, deine Tochter wird vermisst! Und du treibst dich die ganze Nacht rum und lässt dich volllaufen! Ja, sag mal, schämst du dich denn gar nicht?«

»Au... Auro-ra?«, lallte er und hielt sich an ihrer Schulter fest, richtete sich ein wenig auf. »Ach was! Die ... die ist doch mit ihrer Mutter bei den Sommers. Macht ein paar Tage

Ferien!« Er grinste.

»Ach?«, wetterte die Fischersfrau. »Und was ist das da?« Sie zeigte auf das noch schwelende Gebäude.

»Hä?« Runar wandte den Blick auf das Haus. Es dauerte eine Weile, bis er verstand. »Oh, Scheiße …« Er packte die Frau und schüttelte sie heftig. »Wo ist mein Kind? Verdammt, wo ist mein Kind?«

Nils Haugen, als Mitglied der Feuerwehr mit der Brandaufsicht betraut, eilte zu seiner Frau und riss Runar von dieser weg. »Nimm die Hände weg, du Lump! Wag es ja nicht, meine Frau anzufassen!«

»Ich will wissen, wo mein Kind ist!«, brüllte Runar und hielt sich nun an den zwar kleineren, aber deutlich stämmigeren Mann.

»Willst du dich prügeln, ja?«, fragte der Fischer und schob die Ärmel seiner Jacke hoch. »Na fein! Dann trau dich mal! Komm schon! Schlag mich! Oder kannst du nur Frauen und Kinder schlagen?«

Runar holte zum Schlag aus, torkelte zwei Schritte nach hinten und stolperte über den Löschschlauch. Hart prallte er auf den Boden. Der Sturz schien ihn ernüchtert zu haben. Er fasste sich an den schmerzenden Schädel. Endlich begriff er die Tragweite der Situation. »Wir müssen sie suchen!«

»Das tun wir schon seit dem frühen Morgen, du Esel!« Haugen reichte ihm die Hand und zog ihn auf die Füße. »Und jetzt steck deinen Kopf unters kalte Wasser und dann hilf uns, verdammt noch mal!«

25

Am Nachmittag musste Erik einsehen, dass die Backstube nicht zu retten war. Mit viel Glück konnten sie vielleicht noch die Grundmauern verwenden. Aber sein Leben, seine Arbeit, Vaters Lebenswerk, alles war zerstört. Er konnte nichts mehr tun.

Seine kleine Nichte wurde seit einigen Stunden vermisst, war vermutlich sogar entführt. Oder hatte Jan sich das nur ausgedacht? Eines war klar: Niemand hatte sie bisher gefunden. Alles konnte passiert sein. Sie konnte sich irgendwo verkrochen haben. Vielleicht in einem Haus, doch bisher hatte niemand eine Spur von ihr finden können. Sie hatten das Dorf abgesucht, alle Plätze, die ihnen nur einfielen. Jedes kleine Loch, in dem ein Kind Platz gehabt hätte, jeden Verschlag, jede Hecke, jeden Stall, jeden Schuppen. Nichts.

Die Gegend barg viele Gefahren für kleine Kinder ohne Aufsicht. Erik wollte gar nicht daran denken, was Aurora zugestoßen sein könnte, wenn der Schwarze Mann mehr als nur ein Produkt der Fantasie seines Sohnes war. Hoffentlich handelte es sich nur um einen dummen Zufall, und man würde seine Nichte bald finden.

Er folgte einem Bauchgefühl und schlich in Richtung Hafen davon. Sein Zustand hatte irgendetwas mit dem Fjord zu tun. Das Wasser, der Nebel, das schreckliche Gesicht, das ihm in der letzten Nacht ins Bewusstsein gekrochen war. Hatte die Erscheinung etwas mit Liv Paulsens Tod zu tun? Hatte er selbst etwas damit zu schaffen? Er wollte nach seinem Boot sehen. Vielleicht fand er dort einen Hinweis, der ihm die Erinnerung zurückbringen konnte.

Er kam zu seinem Anlegeplatz, doch sein Ruderboot war nicht da. Daher ging er weiter und fand es schließlich notdürftig befestigt neben Nils Haugens Kutter. Ein Ruder fehlte. Erik setzte sich hin und ließ die Unterschenkel über den Rand des Stegs baumeln.

Was war mit ihm passiert? Offensichtlich spielte sein Boot eine Rolle. Wieso sollte es sonst an diesem Platz liegen, mit nur einem Ruder? Doch er konnte sich an nichts außer dem Traum mit dem hässlich verzerrten Antlitz erinnern. War es ein Traum gewesen? Und warum war sein Haus in Flammen aufgegangen? Hatten beide Ereignisse miteinander zu tun? Weshalb waren Sigrid und Aurora bei ihm gewesen, ohne dass er davon gewusst hatte? Aurora ... wo konnte sie nur stecken?

Aurora war ein liebes, aber stilles Kind, das sich bei Gefahr immer zurückzog. Erik erinnerte sich, dass er in ihrem Beisein einmal lautstark mit Jan geschimpft hatte. Ohne dass es jemand bemerkt hatte, war Aurora aus dem Zimmer geschlichen und hatte sich im Wandschrank in der oberen Diele versteckt. Zwischen dem Winterbettzeug, ein Laken über den Kopf gezogen, damit niemand sie sehen konnte. Sie hatten fast eine Stunde lang nach ihr gesucht.

Dieses Verhalten musste seine Ursache haben. Erik hatte den Gerüchten um Runars Gewalttätigkeit gegenüber Sigrid lange keinen Glauben schenken wollen. Es war zu absurd erschienen. Früher waren sie Freunde gewesen. Runar war der Weiberheld gewesen und Erik der Besonnene. Runar hatte es nie nötig gehabt, eine Frau grob anzufassen, sie fielen ihm stets zu Füßen und taten, was er wollte. Sie liebten seinen rauen Charme. Seine teils derben Witze zwangen ihnen die Röte ins Gesicht. Sie kicherten und hängten sich gleich darauf bei ihm ein. Runar war genau der Typ Mann, auf den Frauen flogen, um ein Abenteuer zu erleben, während sie sich für ihr Zuhause langweiligere Typen wünschten. Erik hatte das nie verstanden. Seitdem es nun aber die Gerüchte gab und Runar dann noch ständig mit Sven Larsen zusammenhockte, hatte Erik sich zurückgezogen. Larsens Ruf war schlecht. Und ob nun Gerücht oder Wahrheit, Erik wollte mit diesem windigen Typen nichts zu tun haben. Aber Runar war der Mann seiner Schwester. Niemals hätte er Hand an sie gelegt ... Das gebot doch der Freundschaftskodex, oder nicht?

Zunächst hatte Erik den Erklärungen Sigrids geglaubt, wenn er sie nach dem Grund für ihre blauen Flecken oder andere Verletzungen gefragt hatte. Er war arglos gewesen. In den letzten Monaten hatten sich die »Missgeschicke« seiner Schwester jedoch gehäuft. Doch er war zu sehr mit Anni und Odin und deren Problemen beschäftigt gewesen, um sich auch noch um seine Schwester kümmern oder Runar zur Rede stellen zu können. Zusammen mit dem Bäckereibetrieb beanspruchten seine Sorgenkinder seine ganze Zeit und Aufmerksamkeit. Nur noch selten ging er aus dem Haus. Neulich, da hatte er sich endlich mal für ein paar Stunden freimachen können, war zum Angeln in den Fjord gefahren und ...

Die Erinnerung traf ihn wie der Blitz. Fetzen von Bildern flogen vor seinem inneren Auge vorbei. Liv auf dem Sommerfest. Wie sie sich auf seinen Schoß setzte und er sie beschämt wegschubste. Annis Blick. Liv, in ihren schwarzen

Klamotten, das stechende Rot der Rose auf ihrem Hals, ausgelassen tanzend. Dann Liv am Boden. Das Kleid nass und zerrissen, die Rose schien auf der bleichen Haut zu welken. Ihr Schädel war zerschlagen. Er drehte sie um und eine abartige Fratze starrte ihn an. *Die* Fratze! Der Kopf fiel zur Seite, der Hals gab nach. Ein knöchernes Geräusch. Wie ein letzter Seufzer entwich Luft aus dem Körper. Und dann? Panik. Er war in Panik geraten. War ins Boot gestürzt, wollte weg. Doch dann? So sehr er sich auch mühte – er konnte sich nicht mehr erinnern.

Liv war tot. Tot! Und er hatte sie gesehen. Er wusste es. Seine Hände zitterten, er fror plötzlich erbärmlich. Blickte sich nach allen Seiten um, als warte er auf etwas. Auf jemanden. Jemanden, der ihm erklärte, was geschehen war und wie das hatte geschehen können.

Zitternd stand er auf, um sich auf den Rückweg zu machen. Da hörte er etwas. Ein leises, dumpfes Klopfen. Als würde jemand weit entfernt auf einer Pauke trommeln. Oder bildete er sich das nur ein? Er lauschte. Drängte die furchtbaren Bilder zurück. Das Geräusch kam aus einem der Schiffswracks, die am gegenüberliegenden Steg vertäut waren. Kongesangers Schandfleck. Der Rost hatte sich schon an vielen Stellen durch die Seitenwände gefressen. Das Abwracken kam zu teuer, und so ließ man sie liegen. Aber seit der Preis für Altmetall in die Höhe geklettert war, gab es Interessenten. Bald wollten sie den Ort von seiner Altlast befreien. Erik fand, dass es auch höchste Zeit dafür wurde. Auf Touristenfotos machten sich die rostigen Kähne bestimmt nicht gut.

Wieder das Klopfen. Erik ging näher. Wurde es vielleicht vom sanften Schaukeln der Brandung verursacht? Die größeren Boote und ihre Taue knarzten und knackten ja immer irgendwie, allerdings nicht so willkürlich. Er legte ein Ohr an den Rumpf. Hörte er gerade … Nein, sein Gehirn spielte ihm bestimmt einen Streich. Aber da war es wieder, das Wimmern … ihm kam es vor, als erahnte er die Melodie eines Kinderlieds. Unwirklich. Viel zu leise, als dass man es »hören« nennen konnte, und doch … Erik hielt den Atem an, um jede andere Geräuschquelle auszuschließen. Er machte die Augen zu und konzentrierte sich voll und ganz auf sein Gehör.

»Was gefunden?«, ertönte eine Männerstimme direkt hinter ihm.

26

Gunnar Paulsen hatte die Meldung »Brand gelöscht!« schon vor Stunden gemacht. Nun widmete er sich der Bekämpfung von Glutnestern und der Sicherung der Brandruine, sodass kein Passant oder – Gott bewahre – spielendes Kind zu Schaden käme, wenn Teile der ehemaligen Bäckerei einstürzten.

Er hatte Angst. Nicht, weil er sich wegen eines möglichen Unfalls sorgte, sondern weil er befürchtete, eine schreckliche Entdeckung machen zu müssen. Seit Auroras Verschwinden bemerkt wurde und auch Odin nicht auffindbar war, musste er die Ruine nach menschlichen Überresten durchsuchen. Es schien nicht besonders wahrscheinlich zu sein, jemanden zu finden. Aurora war vor ihrem Verschwinden bei den anderen Kindern gesehen worden. Dass sie in ein brennendes Haus zurücklaufen würde, glaubte Gunnar nicht. Erik hatte ihm überdies versichert, dass sich Odin nicht in seinem Zimmer aufgehalten hatte. Aber Sicherheit gab es erst, wenn man das, was von der Bäckerei übrig geblieben war, durchsucht hatte.

Die technische Ausstattung ihrer Feuerwache ließ zu wünschen übrig. Was nützten Atemgerät und Brandschutzkleidung, wenn es mangels Infrarotsichtgeräts unmöglich war, ins verrauchte Gebäude vorzudringen und nach Vermissten zu suchen? So blieb Gunnar keine andere Wahl, als den Brand von außen zu löschen und zu beten, dass sich kein Mensch mehr im Gebäude befand.

Wie die meisten Häuser hier hatte auch dieses zum Großteil aus Holz bestanden. Nur das Fundament und die Backstube waren aus massivem Stein errichtet. Die herabfallenden Balken, Bretter und der Hausrat hatten ein Stück der Mauer umgerissen. Gunnar ging durch die Ruine und stocherte und schlug mit seiner Axt Glutnester auf, die der ihm folgende Nils Haugen sofort zu löschen begann. An verkanteten, aufgerichteten Gebäudeteilen, die der nächste Sturm umwerfen konnte, drückte, zog und rüttelte er so lange, bis sie in eine stabile Lage fielen.

Soweit Gunnar dies beurteilen konnte, war der Brand vom Dachgeschoss ausgegangen. Er hatte eher mit der Backstube gerechnet. Doch im Gegenteil: Das Feuer hatte sich von oben nach unten durch das Haus gefressen. Nur deshalb hatten die Bewohner rechtzeitig entkommen können.

Ein Gegenstand inmitten stark verkohlter Reste erregte seine Aufmerksamkeit: ein Metallzylinder, ungefähr dreißig Zentimeter lang und drei Zentimeter im Durchmesser, an einer Seite fest verschlossen. Er erinnerte Gunnar an einen ausgebrannten Feuerwerkskörper.

»Sieh dir das mal an, Nils!«, rief Gunnar seinen Kollegen zu sich.

»Hm, merkwürdig. Was soll das sein?«

»Ich hab so was Ähnliches in meiner Grundausbildung gesehen. Könnte ein Brandsatz sein. Sieh dir nur an, wo der liegt!«

»Was meinst du?«

»Na, hier ist alles total verkohlt. Das heißt, das Feuer hatte hier vermutlich seinen Ursprung.«

Es dauerte ein paar Sekunden, bis Nils begriff. »Du meinst ... Brandstiftung?«

»Wäre möglich.«

»Aber wer sollte so etwas tun? Und warum? Was ist hier nur los, Gunnar?«, fragte Nils und starrte den jungen Feuerwehrchef an.

Dieser antwortete nicht, sondern schaute gedankenverloren auf den Zylinder. Wie Nils brauchte auch er einige Antworten.

27

Starr vor Schreck blickte Erik über seine Schulter und erkannte den Dorfpolizisten, Tor Einar Hetland. Sein Verstand gab Entwarnung, aber die Hormone hatten seinen Körper bereits in höchste Alarmstimmung versetzt.

»Mann, musst du dich so anschleichen?«, fauchte er. Tor Einar wich einen Schritt zurück. Seine Miene war merkwürdig starr, was Erik auf die Nachricht von Livs gewaltsamem Tod schob. Die beiden waren öfter auf einen Kaffee in seine Bäckerei gekommen und hatten auf ihn den Eindruck eines glücklichen Paars gemacht. Hetland wollte gerade etwas antworten, als Erik ihn unterbrach.

»Sei ruhig! Psst!«, verlangte er, drehte sich um und lauschte erneut. »Da! Dieses Klopfen!«

Tor Einar nickte. Ein unrhythmisches Pochen, das nicht von den Wellenbewegungen ausgelöst wurde. »Lass uns nachsehen.«

Sie kletterten über eine rostige Leiter auf den Kutter. Die Tür zum Innenraum war nicht verschlossen und ließ sich unter lautem Quietschen öffnen. Drinnen war es fast dunkel. Die Dämmerung kam früh um diese Jahreszeit, und die Bullaugen des Wracks waren nicht mehr allzu lichtdurchlässig. Tor

Einar griff nach seiner Taschenlampe, schaltete sie ein und ging voraus. Sie überprüften das Oberdeck, fanden jedoch nichts. Über eine Metallleiter gelangten sie nach unten, tiefer in den Bauch. Es stank erbärmlich. Das Klopfen wurde lauter.

»Ruhig, bleib mal stehen«, forderte Erik den Polizisten auf, »hörst du das auch?« Aus dem vorderen Teil des Laderaums drang eine weinerliche Kinderstimme zu ihnen durch.

»Aurora?«, rief Erik. »Aurora, bist du hier?« Nun war es mucksmäuschenstill. »Aurora? Ich bin's! Onkel Erik!«

Erik musste sich ducken. Kletterte vorsichtig über verrottete Kisten und Gerätschaften hinweg, die sich kreuz und quer in den unteren Laderäumen verkeilt hatten. Tor leuchtete schräg hinter ihm mit der Lampe in das Dunkel. Erik horchte erneut. Nichts. Langsam ging er vorwärts. Als er versehentlich mit dem Schienbein gegen eine lose Metallstange stieß, fiel diese unter lautem Getöse auf den Boden. Im selben Moment ging das Licht aus. Erik fluchte und fasste sich ans Schienbein.

»Tor? Verdammt, mach die Lampe wieder an!« Keine Antwort. »Tor?«

Erik riss die Augen auf und starrte in die Dunkelheit, dorthin, wo er Tor Einar Hetland vermutete. Das Licht ging wieder an und blendete ihn.

»Hetland, was soll das? Willst du, dass ich an einem Herzinfarkt sterbe? Komm her und hilf mir, ich glaube, sie ist hier drin!«

Erik hörte Schritte. Das Licht der Taschenlampe wurde heller. Ein leises Rauschen schwang durch die Dunkelheit. Es war das Letzte, was er hörte, bevor mit einem dumpfen Ton alles schwarz um ihn wurde.

28

Sigrid war kaum zu beruhigen. Stundenlang hatte sie sich an der Suche nach Aurora beteiligt, dann war sie zusammengebrochen. Noah hatte sie mit Magnus' Einverständnis in dessen Hotel gebracht und dort einquartiert. Ebenso wie Ann Christin und Jan, der sich alle paar Minuten für sein Vertrauen in den Schwarzen Mann entschuldigte. Die Eindrücke des Feuers, ihr knappes Entkommen und der Verlust ihres Heims setzten Ann Christin ebenso schwer zu wie die Sorge um die Nichte. Noah versorgte die Frauen mit Beruhigungsmitteln, gab der Reinigungskraft des Hotels die Anweisung, sich um Jan zu kümmern, und sah nach Gunhild, die ebenfalls noch seiner medizinischen Hilfe bedurfte. Ihr Zustand hatte sich gegenüber dem Vortag weiter verschlechtert.

Wenigstens befanden sich alle seine Akutfälle unter einem Dach. Es war eine Ironie des Schicksals, dass dieser protzige, nagelneue Bau nun mehr Patienten als Gäste beherbergte und damit wohl eher einem Krankenhaus denn einem Hotel glich. Vielleicht sollte man die Praxis seines Nachfolgers gleich hierher verlegen, so turbulent wie es in Kongesanger seit Kurzem zuging. Oder einen von diesen Modeärzten als Kurarzt ins Dorf locken, mit der Aussicht auf reiche und exquisite Gäste. Wie wäre es mit einer Klinik für kosmetische Operationen? Hier in der Einöde würde den Städtern garantiert kein Bekannter über den Weg laufen, bis die Wunden verheilt wären. Ein Erholungsurlaub im Nirgendwo war der perfekte Vorwand für Liftings und Brustvergrößerungen. Noah musste über sich selbst den Kopf schütteln und schob die Ursache seiner unangebrachten Gedanken auf die Übermüdung.

Als er noch einmal nach Ann Christin sah, schien es ihr etwas besser zu gehen.

»Wo ist Erik?«, fragte sie müde.

»Ich weiß es nicht«, erwiderte Noah. »Er hat sich wohl noch einmal auf die Suche nach Aurora gemacht.«

»Aber das ist Stunden her!«, erwiderte Ann Christin besorgt. »Und wo ist Odin?«

Noah zuckte die Schultern. »Ich habe keine Ahnung.«

Ann Christin rieb sich erschöpft das Gesicht. »Verschwinden jetzt alle hier in diesem verfluchten Kaff? Alle, die mir wichtig sind?«

Der alte Arzt seufzte nur. Seine Gedanken behielt er lieber für sich.

29

Tot. Er war tot. Erik wusste es. Er erinnerte sich an die vergangenen Tage. Was geschehen war. Wo er gewesen war. An das Feuer. Die Suche nach Aurora. Nur die Erinnerungen an Liv blieben verschwommen.

Er wartete auf das Licht, das ihn führen würde und das er doch vor Kurzem schon einmal gesehen hatte, aber es kam nicht. Und wieso roch es so abscheulich? Sein Kopf schmerzte fürchterlich. War er in der Hölle gelandet? Was hatte er Schreckliches getan, um so ein Schicksal zu verdienen?

Ein Geräusch riss ihn aus den schwindenden Fängen der Bewusstlosigkeit. Das Kopfweh lähmte seine Gedanken und beeinträchtigte seine Beweglichkeit. Er blinzelte. Es war stockfinster um ihn herum. Er lag auf dem Bauch, auf einem kalten, metallischen Untergrund. Unter seinen Fingern fühlte er Feuchtigkeit. Schmierig fühlte sie sich an. Wie altes Öl. Er erinnerte sich. Er war mit Tor Einar in diesen alten Fischkutter geklettert, auf der Suche nach Aurora.

Jetzt hörte er es wieder. Ein leises, kaum zu verstehendes Wimmern. Nicht weit von ihm entfernt. Er hob den Kopf und stöhnte vor Schmerz. Instinktiv fuhr seine Hand an den Hinterkopf und ertastete auch da die ölige Masse, die seine Haare verklebte. Doch bevor er die Ursache ergründen konnte, wandelte sich das Wimmern in ein verhaltenes Schluchzen. Eine kleine, leise Stimme. Erik kannte sie.

»Aurora?«, flüsterte er in die Dunkelheit hinein, um das Kind nicht zu verschrecken. »Bist du das?«

Jedes Geräusch verstummte.

»Aurora, du musst keine Angst haben.« Erik wollte sich aufrichten, doch der Schmerz in seinem Schädel ließ es nicht zu. Grelle Blitze zuckten vor seinen Augen, als er den Kopf bewegte, und er sackte zusammen.

»Ich bin's, Aurora. Onkel Erik.« Er blieb auf allen vieren und tastete um sich, in Richtung der Geräusche.

»Ich hab Angst!«, flüsterte es kaum hörbar zurück.

»Musst du nicht, meine Kleine, ich bin ja jetzt da«, versuchte Erik, sie zu beruhigen, und kämpfte sich mühsam vorwärts, jeden Moment damit rechnend, vor Schmerzen erneut das Bewusstsein zu verlieren. »Ich komme zu dir, ja? Bleib einfach, wo du bist.«

Erik schob sich zentimeterweise voran. Eine Ewigkeit, wie es ihm schien. Blitze zuckten vor seinen Augen. Immer wieder fürchtete er, das Bewusstsein zu verlieren. Der stechende Schmerz an seinem Hinterkopf war kaum auszuhalten. Er verursachte ihm bei jeder Bewegung Übelkeit, und zwei Mal hatte er sich nur unter Aufbietung aller Willenskraft zurückhalten können, nicht hier und jetzt, vor dem Kind zu erbrechen. Er schob sich an Gegenständen vorbei, wahrscheinlich längst vergessenen Dingen aus der guten, alten Zeit des Wohlstandes. Wieso erinnerte er sich gerade jetzt daran? Viele Jahre war es mit seinem Heimatort schleichend bergab gegangen, doch nun schien ihn der Teufel zu seinem Spielplatz gemacht zu haben. Alles, was ihm lieb und teuer war, wurde vernichtet. Wie mochte es Anni und Jan gehen? Der Gedanke an seine Familie half ihm, weiter bei Bewusstsein zu bleiben.

»Aurora?«, fragte er leise in die stockfinstere Dunkelheit hinein. »Bist du noch da?«

»Ja«, kam es wispernd zurück.

»Erzähl mir doch etwas, ja?«

»Mmm«, schmollte Aurora.

Erik überlegte fieberhaft. »Du singst doch so gern. Magst du mir was vorsingen? Dann geht's uns beiden bestimmt gleich besser.« Er biss sich vor Schmerz auf die Unterlippe und kroch weiter auf die Stimme zu, die leise und kaum verständlich ein altes Schlaflied sang. Sein Gesicht verzog sich gegen seinen Willen zu einem Grinsen, als ihm die Ironie der Situation bewusst wurde. Nichtsdestotrotz ermunterte er Aurora zum Weitermachen, als sie kurz stockte.

Seine Hände ertasteten etwas Undefinierbares. Etwas Weiches, Stoffiges lag vor ihm. Er schaffte es nur mühsam, sich hinaufzuziehen und dann drüberzuwälzen. Vermutlich Säcke, gefüllt mit irgendwas. Das war nicht wichtig. Er musste zu dem Kind. Und dann schnell hier raus.

Schließlich, als er glaubte, die Kraft werde ihn verlassen, erreichte er das Mädchen. Als seine Finger ihr Bein erfühlten, zuckte es erschrocken zurück. Ein leises Wimmern kroch aus ihrer Kehle. Erik glaubte trotz der Dunkelheit sehen zu können, wie sie sich zusammenkauerte.

»Keine Angst, meine Kleine, bin nur ich«, sagte er kraftlos, zog sich näher heran, stützte sich auf, zog das sich sträubende Kind zu sich heran und sprach beruhigend auf seine Nichte ein. Zögerlich gab sie nach und kuschelte sich schließlich an ihn. Leise weinte sie.

Erik merkte, wie Aurora am ganzen Körper zitterte. Sie hatte nur ihren Pyjama an. Er schälte sich mühsam aus seiner Jacke und legte sie der Kleinen um die Schultern.

»Kuschel dich rein, sie wärmt dich.«

Erik strich ihr liebevoll durchs Haar. »Nicht weinen, Kleine, wir kommen hier schon wieder raus. Alles wird gut ...«

30

Ann Christin hatte in der letzten Nacht kein Auge zugemacht. Sie begriff es nicht. Sie hatte es Noah schon gesagt: Immer mehr Menschen, die ihr etwas bedeuteten oder mit ihr zu tun hatten, verschwanden. Erst Aurora und jetzt auch noch Erik. Odin war unauffindbar und Liv tot. Bildete sie sich das nur ein oder war bei der Tochter des Bürgermeisters der Ursprung und Schlüssel zur Lösung dieser furchtbaren Vorkommnisse zu finden?

Sie hatte Noah wiederholt nach Erik gefragt, nach Aurora und sogar nach Odin. Doch der alte Arzt hatte nur müde den Kopf geschüttelt und sich um Sigrid gekümmert, die von Weinkrämpfen geschüttelt erst vor wenigen Minuten eingeschlafen war.

Seit dem schrecklichen Erlebnis mit ihrem Großvater hatte der Tod eine furchterregende Wirkung auf Ann Christin. Es war egal, ob ein Mensch verstarb – alt oder jung, eines natürlichen Todes oder durch einen Unfall – oder sie auch nur ein totes Tier am Straßenrand liegen sah. Sie ernährte sich zwar nicht vegetarisch, vermied jedoch jede Art von Speisen, die noch Rückschlüsse auf das ursprüngliche Aussehen des Tieres zuließen. Die Leute lachten, weil sie keinen Fisch aß, der noch Kopf und Schwanz besaß. Hühnerfleisch brachte sie nur dann in den Mund, wenn das Geflügel nicht im Ganzen gebraten, sondern bis zur Unkenntlichkeit zerlegt zubereitet worden war. Sollten sich die Leute darüber lustig machen. Ann Christin würde ihnen sicher nicht verraten, wo die Ursache dafür lag.

Niemand hatte ihr gesagt, dass der Großvater so krank gewesen war, dass man jederzeit mit seinem Tod rechnen musste. Das hatte sie erst als Erwachsene erfahren. Die medizinische Ursache seines Ablebens war ein Aneurysma gewesen – eine Arterie in seiner Brust war ausgebuchtet und drohte jederzeit zu platzen. Dennoch hatten Ann Christins Eltern ihre Tochter den Großeltern zur Betreuung gegeben, sooft sie selbst zu beschäftigt waren, sich um das Mädchen zu kümmern, wenn sie von der Schule nach Hause gekommen war. Eigentlich war der Großvater einen der schöneren Tode gestorben, denn durch das Aneurysma war er innerlich verblutet, ohne es zu bemerken. Doch für Ann Christin war Großvaters Tod ein Schock und alles andere als schmerzlos gewesen.

Ihre Großmutter hatte den Verlust nicht verkraftet und war kurze Zeit später gestorben. Zum Glück hatte Ann Christin dieses Sterben nicht mit ansehen müssen.

Sie versuchte, die Erinnerungen zu verdrängen, aber plötzlich war alles wieder da. In ihrer Nase nahm sie den eigenartigen Geruch wahr, der ihr damals bereits aufgefallen war, noch bevor der Großvater auf sie gestürzt war. Mühsam kämpfte Ann Christin gegen den Ekel und die Scham an, als sie sich an das Einnässen erinnerte. Urin hatte ihre Kleidung durchtränkt, und sie wusste bis jetzt nicht, ob es seiner oder ihrer gewesen war. Vermutlich von ihnen beiden. Selbst heute noch, wenn Jan sich versehentlich einnässte, was hin und wieder vorkam und – wie sie ihn beruhigte – völlig normal war, krochen die abscheulichen Gefühle wieder in ihr hoch.

Und nun war Liv tot. Ann Christin hatte das Mädchen nie gemocht. Weder ihre aufdringliche Art noch ihr ungezügeltes, lustvolles Leben. Sie hatte sich einfach genommen, was sie wollte. Wen sie wollte. Ann Christin konnte nicht verhindern, dass auch kurz so etwas wie Neid in ihr aufflammte. Sie zählte sich zu den angepassten Menschen, aber vermutlich hatte jeder im Leben Momente, in denen er sich wünschte, einfach einmal aus der Rolle zu fallen. Für Liv hatte das grausige Konsequenzen gehabt. Warum sonst hätte sie eines gewaltsamen Todes sterben sollen?

Wer konnte so etwas getan haben? Ann Christin kannte nur wenige Einzelheiten, hatte sie gar nicht hören wollen und doch mitbekommen. Den Schädel hatte man ihr gespalten. Mit einer Axt oder so. Ann Christin versuchte, die aufsteigenden Bilder und das Würgegefühl zurückzudrängen. Mühsam suchte sie nach anderen Gedanken. Aber immer wieder kreisten sie um Liv – und plötzlich durchzog sie ein furchtbarer Gedanke: Was, wenn Aurora die Nächste auf der Liste war? Wenn sie in die Fänge des Mörders geraten war? Was, wenn es den Schwarzen Mann wirklich gab?

31

Benommen versuchte Erik, sich in der Dunkelheit zu orientieren. Er musste wieder kurz bewusstlos gewesen sein. Aurora kuschelte sich an ihn. Er atmete auf. Zumindest das Kind hatte er gefunden, und es schien ihm den Umständen entsprechend gut zu gehen. Nun mussten sie nur noch hier herauskommen.

»Aurora? Nicht erschrecken, ja? Ich setz mich jetzt mal gerade hin.« Er schob das Mädchen beiseite und zog die Knie weiter an den Körper, stemmte die Füße und die Hände auf den Boden. Sein Kopf fühlte sich an, als würde er gleich explodieren. Der Druck trieb ihm Tränen in die Augen. Unter Aufbietung aller Kräfte schaffte er es, sich ganz aufzusetzen. Keuchend lehnte er sich gegen die Wand, die ebenso hart und kalt war wie der Boden. Aurora kroch zu ihm und krallte sich an ihm fest.

»Ist schon gut, meine Kleine, schon gut ... sch...« Abwesend strich er ihr über den Kopf.

Plötzlich huschte ihm etwas über die Füße. Instinktiv zog er die Beine näher an sich heran, hielt den Atem an und lauschte. Nichts. Nichts außer Auroras leisem Atmen. Er blies die Luft wieder aus. Vermutlich war es besser, nicht weiter darüber nachzudenken. Es gab Wichtigeres.

Eine Weile blieb Erik so sitzen und sammelte Kraft. Der

Schmerz betäubte seine Sinne. Mühsam erstellte er in seinen Gedanken eine Liste, die er abarbeiten konnte. Einen Punkt nach dem anderen. Zu mehr war er nicht fähig. Er konnte und wollte sich jetzt nicht mit der Frage beschäftigen, wer ihm das aus welchem Grund angetan hatte. Er musste sich auf das Wichtigste konzentrieren. Und das war Aurora. Er musste das Kind hier herausbringen.

Wie lange waren sie schon hier? Erik überlegte. Als er in das Wrack gestiegen war, war die Kleine bereits einen halben Tag lang vermisst worden. Wenn auch nur ein paar Stunden vergangen waren, war sie womöglich bald in Lebensgefahr. Sie brauchte dringend Wasser. Wenn er nur etwas hätte sehen können! In diesem Verlies herrschte absolute Dunkelheit. Das nahm er zumindest an. Erik hoffte, dass ihm nach seinem Erinnerungsvermögen nicht auch noch der Sehsinn abhandengekommen war.

Er beschloss, den Raum auszukundschaften. Vielleicht fand er etwas, das ihm von Nutzen sein konnte. Um eine Tür aufzubrechen, die es hier irgendwo geben musste. Oder sich zumindest bemerkbar zu machen. Der Schall musste nach draußen dringen können, immerhin hatte er Aurora auf diese Weise entdeckt. Kopfschmerzen. Vage erinnerte er sich, einen heftigen Schlag auf den Kopf bekommen zu haben.

»Aurora?«, sprach er das Kind noch einmal leise an. »Ich will jetzt versuchen, uns hier herauszubringen, ja? Aber dafür muss ich noch mal zurück. Ich möchte, dass du hier sitzenbleibst. In Ordnung?«

»Nicht gehen, Onkel Erik. Bitte nicht!«, wimmerte die Kleine und klammerte sich fest an seinen Oberarm.

Erik atmete tief durch und schob sie dann entschlossen weg. »Aurora, es muss sein!« Er überlegte. »Pass auf, ich werde dir einfach erzählen, was ich gerade mache. Dann hörst du meine Stimme und weißt, wo ich bin. Einverstanden?«

Er hörte einen leisen Laut der Zustimmung und kämpfte den Schmerz nieder. »Gut. Also, ich geh jetzt auf die Knie und krieche dann auf allen vieren vorwärts.«

So leicht es sich anhörte, so schwer war es für Erik, das Gesagte umzusetzen. Er zog die Beine an und ließ sich einfach nach vorne fallen. Doch alleine sein Gewicht abzufangen, verlangte ihm mehr Kraft ab, als er aufbringen konnte. Seine Ellbogen knickten haltlos weg, und er schlug mit dem Gesicht auf den harten Boden. Angewidert schmeckte er den öligen Bodenbelag auf der Zunge und spuckte das undefinierbare Zeugs aus. »Nichts passiert, Kleine, bin nur mit der Nase auf den Boden gestoßen.« Er versuchte, seiner Stimme einen lustigen Klang zu geben. »Wie ein Hund, weißt du? Ich nehme jetzt die Fährte auf.«

Ein leises, kaum hörbares Kichern erfüllte ganz kurz den Raum und gab Erik neue Kraft. »So, ich taste jetzt mal den Boden um mich herum ab. Mal sehen, ob wir was Brauchbares finden ...« Doch nichts in Eriks Reichweite schien noch irgendeinen sinnvollen Zweck zu erfüllen. Plötzlich spürte er einen scharfen Schmerz in der Handfläche. »Au! Verdammt!«

»Hast du dir wehgetan?«, fragte die Kleine angstvoll.

»Nicht schlimm, Aurora, bin nur abgerutscht. Ein kleiner Splitter oder so was.« Erik kroch weiter. Gleich mussten diese Säcke vor ihm liegen. Da hinüberzukommen, würde ein hartes Stück Arbeit bedeuten.

»Splitter hab ich auch schon gehabt. Mama holt dann eine Primzeppe und zieht ihn raus. Tut auch gar nicht weh. Und dann krieg ich ein Eis oder Bonbon, weil ich so tapfer war.«

»Ja, du bist ein ganz tapferes Mädchen, Aurora«, versicherte Erik und unterdrückte ein Stöhnen, als er den großen Sack ertastete. Er zog sich daran hoch. Die Masse gab zwar nach, unterstützte seine Bemühungen letztendlich aber doch.

»Onkel Erik?«

»Ja, meine Kleine?«

»Ich hab Durst.«

Erik hatte es geschafft, sich wie zuvor über den Sack zu rollen, und tastete sich weiter, diesmal vorsichtiger. Er wollte nicht noch weitere Verletzungen riskieren. »Ich weiß, meine Kleine. Sobald wir hier raus sind, bekommst du eine Limo von mir, ja?«

»Darf ich auch eine Cola haben?«

Erik musste lächeln, auch wenn dies den Schmerz in seinem Schädel noch verstärkte. »Wenn wir hier raus sind, bekommst du von mir, was du willst.«

Plötzlich endete der Raum mit einer weiteren Wand. Hier drin war es viel enger, als Erik gedacht hätte. Beim Erkunden der Fläche stieß er auf einen Vorsprung, den er bald darauf als Tür identifiziert hatte. Sie ließ sich jedoch nicht öffnen. Das, was er für den Verschluss hielt, schien blockiert zu sein. Er nahm all seine Kraft zusammen und rüttelte am Griff, doch der rührte sich keinen Millimeter. Wieder und wieder riss Erik daran, doch es half nichts. Als wäre das verdammte Ding festgeschweißt worden.

Mit dem ansteigenden Puls wurde das Hämmern in seinem Schädel unerträglich. Von außen drang kein Luftzug in den Raum. Jemand hatte sie absichtlich hier eingeschlossen. Und dieser Jemand hatte ihn niedergeschlagen. Ein düsterer Gedanke zuckte durch sein Bewusstsein: Was, wenn der Sauerstoff bald knapp werden würde? Sie mussten raus, und das möglichst schnell.

»Okay, dann komme ich jetzt mal zu dir zurück«, sagte Erik. Noch während er sich umdrehte, fühlte er seine Sinne schwinden.

32

Kaum dass es hell geworden war, raffte Ann Christin sich auf und ging auf wackeligen Beinen zur Polizeiwache. Erik war nicht aufzufinden. Sie brauchte Antworten. Viele andere trieb es ebenfalls zeitig aus dem Bett. Das halbe Dorf war auf den Beinen. Jeden, dem sie unterwegs begegnete, fragte sie nach Erik und Aurora. Doch niemand hatte die beiden gesehen.

Zu ihrer Überraschung traf sie in der Wache auf Carl Morgan.

»Hallo, Carl«, begrüßte sie den Polizisten a. D., der hinter dem Schreibtisch saß und gerade den Telefonhörer auflegte. »Hast du Neuigkeiten? Habt ihr was von den Suchtrupps gehört? Kommt bald Verstärkung? Ich ... wir alle machen uns schreckliche Sorgen. Es ist so furchtbar ...«

Es dauerte einen Moment, ehe Morgan reagierte. Ann Christin musterte ihn genauer. Er schien wieder getrunken zu haben. Einerseits verstand sie es, aber andererseits war es in der derzeitigen Situation unverantwortlich. Jeder wurde jetzt gebraucht!

»Nein, nichts Neues«, murmelte er abwesend.

»Hast du Erik gesehen?«, fragte Ann Christin nervös. »Er ist noch nicht nach Hause gekommen.«

Carl rieb sich die Bartstoppeln. »Hab ihn heute noch nicht gesehen. Vielleicht ist er davongelaufen.«

»Davongelaufen?«, wiederholte Ann Christin fassungslos. »Was meinst du damit?«

Carl zuckte die Schultern und blickte sie mit glasigen Augen an. »Würde ich verstehen. Bei den Beweisen gegen ihn ...«

»Was?« Ann Christin musterte ihn genauer. Er musste um einiges mehr getrunken haben, als ihm guttat. Ärgerlich fuhr sie ihn an: »Verdammt, Carl, was redest du da? Komm zu dir! Wir brauchen jetzt jede Unterstützung!«

Statt einer Antwort winkte er ab, nahm zwei Tabletten aus einer auf dem Tisch liegenden Schachtel und griff zur halb leeren Flasche, die daneben stand, um das Medikament hinunterzuspülen.

»Weißt du dann wenigstens, wo Tor Einar ist?«, fragte sie Carl.

»Hetland? Ich kann ihn nicht erreichen. Vielleicht ist er auch abgehauen? War wohl zu viel für ihn.«

Ann Christin begriff, dass sie hier nichts erreichen konnte, und verließ die Polizeiwache mit lautem Türknallen.

33

Erik konnte nur vermuten, wie lange die Bewusstlosigkeit dieses Mal gedauert hatte. In der Dunkelheit hörte er Aurora leise atmen. Dann erinnerte er sich daran, wie klein der Raum zu sein schien, in dem sie sich befanden, und dass die Luft langsam knapp werden musste.

Keinesfalls wieder ohnmächtig werden!

Schliefen sie wegen Sauerstoffmangels ein, wäre es um sie geschehen. Sie mussten die verbleibende Luft nutzen, um sich bemerkbar zu machen.

Er hörte ein leises Geräusch. Als würde ein Hamster ein Salatblatt kauen. Es schien aus der Mitte des Raumes zu kommen. Er dachte nicht weiter darüber nach.

»Aurora?«, rief er. Keine Antwort.

Langsam robbte er durch den Raum, diesmal jedoch nicht in direkter Linie, sondern an Vorder- und Seitenwand entlang. Seine Vermutung bestätigte sich: Es war ein kleiner Raum, drei mal drei Meter in der Grundfläche, vielleicht weniger. Er brauchte mehrere Minuten für die Strecke.

»Aurora? Aurora, wach auf!«

Das Mädchen gähnte und fing gleich darauf an zu weinen. Dann warf sie sich in seine Arme und drückte sich, so fest es ihre Kraft zuließ, an ihn. Er streichelte sie, während seine Gedanken rotierten.

Tor Einar war hinter ihm gewesen, so weit erinnerte er sich noch. Dann kam der Schlag und – nichts mehr. Er musste sich um Aurora kümmern. Sie mussten hier raus. Sollte dieser Raum luftdicht sein, hatten sie nicht mehr viel Zeit. Und wie lange konnte so ein kleines Kind ohne Wasser auskommen? Ein erwachsener, gesunder Mensch drei Tage, erinnerte er sich, aber ebenso, dass die Zeitspanne bei Kindern deutlich geringer war. Einen Tag? Zwei?

»Onkel Erik …«, kam es wispernd zurück. Erik hörte die Angst in ihrer Stimme. »Sind wir bald … tot? So wie die Katze?«

»Welche Katze?«

»Die, wo der Bagger drübergefahren ist«, erzählte sie schaudernd. »Mama sagt …«

»Sch… nicht dran denken, meine Kleine.« Erik streichelte ihr über das Haar. »Ach was, bald sind wir hier raus, versprochen.«

Vorsichtig tastete er nach der schmerzenden Stelle am Kopf und fühlte Feuchtigkeit. Die Wunde blutete wohl noch immer. Kein gutes Zeichen. So schwach, wie er sich fühlte, musste er schon viel Blut verloren haben. Er wusste nicht, wie viel Zeit ihm noch blieb, bevor er zusammenbrechen oder sterben würde.

Erik riss sich zusammen. Nein, solange er für seine Nichte verantwortlich war, würde er nicht sterben. Sie würden diesem Gefängnis heil entkommen.

»Aurora? Du hast doch davor geklopft und gesungen. Zeig mir doch mal, wo du drangeklopft hast.«

Das Mädchen schlug mit der flachen Hand an eine Stelle hinter ihr. Erik war erstaunt, wie laut der Raum wummerte – als wäre er ein einziger Resonanzkörper.

»Komm, lass mich mal hierhin setzen.«

Sie tauschten die Positionen.

»Aurora, halt dir mal die Ohren zu, ja?«

Erik schlug, so laut er konnte, gegen die Wand seines Gefängnisses. Wieder und wieder. Ohrenbetäubend laut. Sein Kopf fühlte sich an, als würde er gleich platzen. Doch irgendwer musste ihn hören. Irgendwer musste in der Nähe sein und wenigstens das Kind retten.

34

Nachdem Noah seine Patienten versorgt hatte, ging er hinaus auf die Straße und fragte die Vorbeieilenden nach Erik. Jeder Bürger, der dessen fähig war, suchte nach den Vermissten. Doch niemand hatte Erik gesehen. Auch Tor Einar Hetland schien verschwunden zu sein. Von dem Kind keine Spur. Noah versuchte es weiter.

Auf der Wache traf Noah niemanden an. Wo steckte Carl? Langsam begann auch er, an seinem Verstand zu zweifeln. Entweder ging das hier nicht mehr mit rechten Dingen zu oder Livs Mörder war gefährlicher als gedacht. Ein Massenmörder in Kongesanger? Noah schüttelte den Kopf über sich und seine Gedanken.

Seine Erinnerung führte ihn zu einem anderen Vorfall zurück: dem Unfalltod des kleinen Anders Morgan. Deutlich waren die Geschehnisse in seinem Kopf verankert. Anders war ein recht braves, jedoch auch sehr kränkliches Kind gewesen. In seinem kurzen Leben hatte er auf vieles verzichten müssen, das für andere Kinder selbstverständlich war. Das hatte ihn nicht nur zu einem stillen, sondern auch zu einem gehänselten Kind gemacht. Noah rechnete nach. Anders wäre jetzt in etwa so alt wie Liv oder Gunnar gewesen. Soweit er sich erinnerte, waren sie auch zusammen zur Schule gegangen.

Noah schüttelte seufzend den Kopf. Liv war schon damals sehr herausfordernd gewesen. Angst oder Scheu hatte sie nie gekannt. Im Gegenteil, fast schien es ihm, als habe sie die Gefahr gesucht. Und ihr vorlautes Mundwerk hatte im Lauf der Jahre nur an Intensität gewonnen. Kaum in der Pubertät hatte sie den Jungs und Männern in Kongesanger die Köpfe verdreht. Und hatte sie ihren Willen nicht bekommen, war sie weggelaufen. Hatte sich versteckt und sich darüber amüsiert, dass alle nach ihr gesucht hatten. Bis irgendwann auch die Eltern einsehen mussten, dass Liv nicht zu halten war und sie nicht mehr jedes Mal, wenn sie verschwunden war, die Polizei zu Hilfe rufen konnten.

Carl … Noah seufzte noch einmal tief und laut. Wo steckte er nur? Vermutlich mit einer Flasche Schnaps in seiner Wohnung. Betrunken. Schlafend. Zugedröhnt von den Schlaftabletten, die er ihm widerwillig verschrieben hatte. Von Erinnerungen geplagt. Ohne Emma an seiner Seite, die ihm all die Jahre ein Halt gewesen war, auch wenn es nach außen hin gewirkt hatte, als wäre Carl der Starke gewesen. Ohne Emma war er fast hilflos, doch das hätte er niemals zugegeben. Seit Emmas Tod trank er viel zu viel, kam nicht mehr zur Vorsorgeuntersuchung und zog sich immer mehr aus der Gemeinschaft zurück.

Müde verließ Noah die Wache. Er war alt und spürte sein schwaches Herz. Dies hier war zu viel für ihn. Er brauchte Erholung. Doch Noah ging zurück ins Hotel und kümmerte sich um seine Patienten. Leise betete er, dass sich endlich ein Nachfolger für ihn finden würde.

35

Die Luft wurde stickiger. Von Minute zu Minute fiel es Erik schwerer, einen vernünftigen Gedanken zu fassen. Nur die Sorge um das Kind ließ ihn die Hoffnung nicht aufgeben. Wieder und wieder schlug er mit der flachen Hand gegen die Wand, die ihm mit ohrenbetäubendem Wummern antwortete.

Aurora gab nur noch selten einen Laut von sich. Sie schien zu schlafen. Erik tastete alle paar Minuten nach ihrem Puls, jedes Mal erleichtert, wenn er ihn spürte. Und jedes Mal ängstlicher, wenn er danach suchte.

36

Als Odin Dahl den Brand bemerkte, flüchtete er kopflos. Zwar hatte er bei Eriks psychischem Schock sein Möglichstes gegeben, um dem Freund und dessen Familie in der Not beizustehen – so wie auch Erik ihm in seiner schlimmsten Zeit zur Seite gestanden hatte. Aber Odin musste sich eingestehen, dass seine Kraft nicht einmal ausreichte, sich selbst zu helfen. Als Junkie und Dealer in Oslo hatte er mit ansehen müssen, wie sein bester Freund an einem anderen Schock gestorben war, ausgelöst durch eine Überdosis Heroin. Odin hatte nicht viele Freunde, und Erik zählte definitiv dazu. Er war fast wie ein Vater. Nun hatte er auch ihn in diesem Zustand gesehen. Zu viele furchtbare Erinnerungen waren in ihm hochgekommen. Längst hatte er geglaubt, sie erfolgreich verdrängt zu haben, aber einmal emporgestiegen, ließen sie sich nicht mehr zurückdrängen. Er sah nur noch eine Möglichkeit, ihnen zu entkommen.

Er hastete unbemerkt in Richtung Hafen. Um ihn scherte sich hier sowieso niemand. Er war ein Fremder, man munkelte von seinen Drogenproblemen, doch niemand sprach ihn darauf an. Odin hatte die ach-so-tolle Dorfgemeinschaft in Kongesanger für ein verlogenes Märchen gehalten, eine heile Welt, die es nicht gab. Dann war dieses junge Ding ermordet worden. Liv.

Die Tochter des Bürgermeisters. Hatte sich kein bisschen verändert gehabt. Kaum war er drei Tage in Eriks Haus gewesen, hatte sie ihn abgepasst. Hatte ihn gefragt, ob er nicht Lust auf ein Abenteuer hätte. Odin war auf Distanz geblieben. Nicht, weil sie ihm nicht gefallen oder er ihretwegen Skrupel gehabt hätte. Nein, er hatte seinen Freund nicht in Verlegenheit bringen wollen, indem er die nächstbeste Göre in sein – Eriks – Bett holte. Diese Freundschaft war ihm viel zu wichtig.

Odin verdrängte den Gedanken. Jetzt, da das Malen kaum noch Sinn ergab, die Bäckerei brannte und Erik ihm nicht mehr helfen konnte, weil die Familie selbst kein Obdach mehr hatte – wo sollte er hin? Was sollte aus ihm werden, nach allem, was vorgefallen war? Angst kroch ihm den Nacken hoch und jagte ihn weiter.

Er kannte inzwischen die Stellen, an denen sich nie jemand aufhielt. Hier fühlte er sich sicher, hier war sein Versteck. Er hatte es sich bereits vor Wochen eingerichtet. So sehr er Eriks Hilfe auch schätzte, Ann Christins misstrauische Blicke und Vorwürfe waren für ihn nur schwer zu ertragen. Sie ließ ihn auch keine Sekunde mit Jan alleine im Haus, obwohl der Junge öfter seine Gesellschaft suchte und Odin den kleinen Knirps mochte.

Auch zum Malen gab es bei Erik keine Gelegenheit. In seinem kleinen Zimmer, das nicht viel mehr als eine umgebaute Abstellkammer war, fehlte der Platz für Staffelei und Farben. Odin brauchte Bewegungsfreiheit, seinen künstlerischen Freiraum. Doch in diesem Zimmer stolperte er bei jedem Schritt über einen anderen Einrichtungsgegenstand.

Nicht einmal Erik wusste von seinem Versteck, in das sich Odin oft für Stunden zurückzog. Wenn der Druck zu groß wurde. Oder das Verlangen.

Dort hatte er seine Notration versteckt, sein letztes Tütchen Heroin. Erik hatte ihn aus dem Osloer Kellerloch, das Odin damals seine Wohnung genannt hatte, herausgezogen und nicht zugelassen, dass er irgendetwas von seinem Vorrat mitnahm.

Er hatte sich gefügt, denn ein letzter Rest Verstand in seinem drogenumnebelten Gehirn hatte ihm damals gesagt, dass sein Freund das einzig Richtige tat.

Nur dieses kleine Päckchen hatte Odin einschmuggeln können. Es im Haus zu haben, war ihm zu gefährlich gewesen. Jan hätte es zufällig finden und in große Gefahr geraten können.

Ob alle dem Feuer entkommen waren? Odin hielt einen Moment lang inne. Er beugte sich nach vorne und atmete mehrere Male angestrengt ein und aus. Warum war er nur abgehauen, ohne die anderen zu warnen? Was war nur mit ihm los? Waren ihm die anderen so egal? Hauptsache, er hatte seinen eigenen Hintern gerettet? Er wollte sich noch umdrehen und zurücklaufen, da ertönte bereits die Feuersirene. Er sah, wie die Menschen aus ihren Häusern stürzten und auf die Bäckerei zuliefen, mit Eimern, kleinen Feuerlöschern, Äxten und allem, das sie für geeignet hielten, den Brand zu bekämpfen. Sie würden das Feuer schon löschen und die Menschen befreien. Sie brauchten ihn nicht. Er rannte weiter.

Völlig außer Atem erreichte Odin sein Versteck im leer stehenden Hafengebäude direkt neben den Schiffswracks. Mit einer Taschenlampe zwischen den Zähnen und hektischen Fingern durchwühlte er die verrosteten Regale und zusammengeklaubten Schränke mit ihren durchhängenden Türangeln, sofern noch Türen da waren. Dieser Ort war besser eingerichtet als so manches Zuhause, das er in den letzten Jahren sein Eigen genannt hatte.

Er hatte es gut versteckt. Erinnerte sich an die Stelle, konnte es aber nicht finden. Panik stieg in ihm auf. Es musste doch hier sein!

Rasend riss Odin alles aus den Schränken, von den Regalen und kippte Eimer, Kisten und Schachteln mit Farben, Pinseln und anderen Malutensilien aus, bis er schließlich innehielt und wusste, wo das Gesuchte zu finden war. Hatte er ihm doch aus Angst vor einer versehentlichen Entdeckung vor Wochen einen neuen Platz gegeben.

Doch das Fach wollte sich nicht öffnen lassen. Es klemmte. Machte sich hier jemand einen Spaß mit ihm? Er brauchte ein Werkzeug. Irgendeinen Hebel, um es aufzustemmen. Er bekam einen alten Schraubendreher zu fassen und setzte ihn an. Mit einem lauten Knall sprang die Tür auf.

Erleichtert blickte Odin auf das Besteck und die kleine Tüte voll heiler Welt und Seligkeit. Das, was ihm Erik für seine Rückkehr nach Kongesanger versprochen hatte. Dabei befand er sich hier im Vorhof der Hölle! Nichts war hier heil und niemand selig. Nichts war anders als in Oslo.

Wo auch immer er sich aufhielt, dauerte es nicht lange, bis eine zerstörerische Kraft alles vernichtete, was ihm wichtig war. Er musste dieser Welt entfliehen, schnell. Mit zitternden Fingern bereitete er einen Schuss vor, der in etwa seiner jemals konsumierten Höchstdosis entsprach. *Wie Fahrrad fahren*, dachte er sich, als er bemerkte, wie gekonnt er trotz langer Pause mit den Utensilien hantierte. Er zog die Spritze auf, band sich den Arm ab und setzte die Injektion an.

Die Wirkung war unmittelbar zu spüren. Der lange Entzug steigerte sie zusätzlich. Noch bevor er die Hälfte der Dosis injiziert hatte, wurde er von einer Welle der Euphorie erfasst, gefolgt von tiefer Ruhe und Sorglosigkeit. Ohne über mögliche Konsequenzen nachzudenken, drückte er auch den Rest in die Vene. Einmal noch atmete er tief aus.

Odin wachte auf. Er lag auf dem Bauch und spürte die Kälte des Betonbodens. Er öffnete die Augen einen Spalt weit. Speichel war ihm aus dem Mund geronnen und bildete eine Pfütze um sein Gesicht herum. Er hob den Kopf, drehte ihn auf die andere Seite, begleitet von heftigen Schmerzen, die er wohl dem langen Liegen auf dem harten Boden zu verdanken hatte. Sein Ellenbogen lag in einer getrockneten Blutlache. Daneben die Spritze. Ziemlich sicher hatte er sich beim unkontrollierten Fall auf den Boden die Vene aufgerissen. Dort, wo er sich die Injektion gesetzt hatte, war ein großes Hämatom entstanden. In Zeitlupe bewegte er einen Körperteil nach dem anderen, um sich auf das Bevorstehende vorzubereiten. Er musste sich aufrichten, auch weil der Harndrang nicht mehr auszuhalten war.

Dieses Pochen in seinem Kopf machte ihn wahnsinnig.

Alles schmerzte. Besonders seine linke Gesichtshälfte, das Genick, die Knie- und Fußgelenke. Es schien, als hätte er eine Ewigkeit hier gelegen, ohne sich einen Millimeter bewegt zu haben. Wie viel Zeit war vergangen? Welcher Tag war heute?

Odin brauchte eine Ewigkeit, um sich aufzusetzen. Sein Herz schien verrückt zu spielen, so laut, wie es hämmerte. Immer wieder ließ es einen Schlag aus. Das war bestimmt der schlimmste Kater, den er je gehabt hatte. Langsam kamen die Erinnerungen zurück. Livs Tod. Das Feuer. Die Flucht.

Ein weiterer Schuss würde die Schmerzen lindern, sprach eine innere Stimme. Das Verlangen hatte sich erneut eingestellt. Doch er wusste, dass er nicht unendlich so weitermachen konnte. Trotz aller Trostlosigkeit, die ihn umgab, wollte er nicht sterben. Er hatte niemals ernsthafte Absichten gehabt, seinem Leben ein Ende zu setzen. Wiedergeburt, Paradies oder ewiges Nichts waren keine Alternativen. Er wollte die Hoffnung nicht aufgeben, dass sich das Schicksal die besten Tage für seine Zukunft aufgespart hatte.

Er verspürte Hunger.

Langsam stand er auf, erleichterte sich, schlurfte zum Schrank und schaute nach seinen Essensvorräten. Sie waren so gut wie aufgebraucht. Also musste er noch einmal zurück ins Dorf und welche holen. Das würde ihn viel Überwindung kosten. Er würde auffallen, so lädiert, wie er aussah. Die kleinste Bewegung tat ihm weh. Das Pochen in seinem Kopf raubte ihm jeden klaren Gedanken. Geld hatte er keines bei sich. Wenn Ann Christin ihn zum Einkaufen schickte, ließ sie, wie alle im

Dorf, anschreiben und zahlte einmal monatlich die Rechnung. Sie würde seine Einkäufe auf ihrer Abrechnung sehen, aber das war ihm egal. Er glaubte kaum, dass sie sich in der derzeitigen Situation wirklich Gedanken darum machen würde.

Odin ging zur Tür, öffnete sie einen Spalt weit, sah sich um und verließ das Gebäude. Seine Knie schlotterten, als würden sie jeden Moment nachgeben. Der rechte Knöchel schien vom langen Liegen besonders beeinträchtigt zu sein. Immer wieder knackte ein Gelenk. Den linken Arm konnte er kaum beugen. Er war froh, keinen Spiegel zu besitzen, in dem er sich hätte betrachten können. Auf Nebenwegen ging er zurück ins Dorf. Das Hämmern im Kopf wurde leiser und verstummte schließlich. Seine Bewegungen wurden runder, und er kam immer schneller vorwärts.

Das ganze Dorf schien auf den Beinen zu sein. Er konnte sich nicht erklären, warum – sonst war Kongesanger ja ein verschlafenes Nest, gerade um diese Jahreszeit, wenn der Winter vor der Tür stand. Gut, die Bäckerei war abgebrannt, aber war das ein Grund, wie Ameisen in ihrem Haufen durch die Gegend zu wuseln? Gegenüber vom Lebensmittelgeschäft standen ein paar Frauen und unterhielten sich. Odin interessierten ihre Gespräche nicht, sondern nur, wie er ungesehen an ihnen vorbei in den Laden kommen konnte. Doch die Gesprächsfetzen, die er wohl oder übel aufschnappte, weckten seine Aufmerksamkeit, und er blieb stehen und spitzte die Ohren.

»... und dann hat sie gesagt, der Bäcker hätte sein Haus selbst angesteckt, um von dem Mord abzulenken«, erzählte eine Frau hinter vorgehaltener Hand. Odin kannte sie ebenso wenig wie die anderen. Ihm hatte nie etwas daran gelegen, die Leute näher kennenzulernen. Bis auf wenige Ausnahmen. Meistens dadurch entstanden, dass es sich nicht vermeiden ließ.

»Was? Nein, das glaube ich nicht!«, erwiderte eine andere.

»Doch!«, tuschelte die Erste weiter. »Er soll sie geschwängert haben.«

»Wann hat sie dir das erzählt?«

»Hab ich behauptet, sie hat es mir selbst erzählt?«, fragte die andere pikiert. »Ich sagte, ich hätte es gehört. Sie hat auch mit ihrem Freund gestritten, dem jungen Polizisten. Wohl, als sie es ihm gesagt hat.«

»Der ist ganz schön eifersüchtig«, wusste eine andere zu berichten. »Die sollen sich schon öfter gestritten haben, obwohl sie erst seit einem Monat oder so ein Paar waren.«

»Muss wohl was Ernstes mit den beiden gewesen sein, ich meine, für Livs Verhältnisse«, sagte die andere schulterzuckend.

»Hört endlich mit diesem unsäglichen Getratsche auf!«, schimpfte die rundliche Frau, woraufhin sich eine lebhafte Diskussion entspann, die Odin nutzte, um sich unbemerkt an ihnen vorbei in den Laden zu schleichen.

Drinnen war niemand zu sehen. Odin raffte rasch zusammen, was er brauchte, und stürzte aus dem Laden. Dabei prallte er mit dem Besitzer zusammen, der ihn instinktiv festhielt.

»Was soll das denn?«, fuhr ihn der Mann an, als er begriff. »Du beklaust mich?«

Die Frauengruppe hielt inne. Hochrote Köpfe drehten sich und starrten die Männer voller Neugierde an.

»Nein«, versuchte Odin zu erklären, »du warst nur nicht da, und ich brauchte … ich hätte dir später …«

Der Ladenbesitzer, Ole Nielson, ein rundlicher Kerl Mitte vierzig, war nur selten aus der Ruhe zu bringen. Ladendiebstahl konnte ihn hingegen sehr wohl und leicht in Rage versetzen. »Du hast doch noch nie Geld in der Tasche gehabt! Und ich glaub kaum, dass Ann Christin dich gerade jetzt zum Einkaufen schickt. Das kannst du der Polizei erklären!«

Ohne auf Odins Einwände zu achten, zog er ihn mit sich zur Wache. Odin verzichtete auf Gegenwehr, schloss gequält die Augen und suchte fieberhaft nach einem Ausweg.

37

Runar Mortensen lief auf der verzweifelten Suche nach seiner Tochter ziellos durch die Straßen. Jeden, der in seine Nähe kam, packte er und schrie ihn an: »Wo, verdammt, ist meine Kleine?«

Obwohl ihn die Angst halbwegs ernüchtert hatte und klarer denken ließ, beeinträchtigten ihn der Restalkohol in seinem Blut und der Schmerz in seinem Schädel noch immer. Nun, er würde den Halunken schon finden, und dann Gnade ihm Gott…

Er torkelte und stieß hasserfüllte Laute aus. Wer ihn rechtzeitig bemerkte, ging ihm aus dem Weg. Man wusste um seine Gewaltbereitschaft, wenn er getrunken hatte. Wo zum Teufel steckte Larsen? Dunkel erinnerte sich Runar, dass sie in der Kneipe verabredet waren, doch von Larsen fehlte jede Spur. Auch in seiner Wohnung war er nicht. Vermutlich war er abgehauen, der Lump! Runar konnte es ihm nicht verübeln, Larsen hatte genug auf dem Kerbholz, nicht erst seit der Sache neulich. Als sie…

Fluchend schnappte er sich den nächsten Passanten. »Sag mir, wo meine Tochter ist!«, fuhr er ihn an. »Wo ist mein Kind?«

Der gebrechliche Mann erschrak und schnappte nach Luft. Statt einer Antwort schüttelte er nur den Kopf und hob abwehrend die Hände.

Runar schnaubte verächtlich und stieß den Mann weg. Der taumelte und sackte zu Boden. Runar stürmte weiter, ohne sich um den Alten zu kümmern, der sich mühsam aufraffte und auf wackligen Beinen davonhumpelte.

Carl Morgan hatte nicht so viel Glück. An einer Straßenecke prallten sie aufeinander. Runar packte den alten Polizisten beim Kragen und schüttelte ihn. Morgan versuchte, sich loszureißen, hatte aber gegen den kräftigen und mehr als einen Kopf größeren Fleischer keine Chance.

»Wo, verdammt, ist meine Kleine?«

Carl, selbst nicht mehr nüchtern, zappelte in Runars festem Griff. »Woher soll ich das denn wissen?«

»Du weißt es! Das rieche ich!«, zischte Runar. »Musstest wohl ordentlich einen bechern, um dein Gewissen zu beruhigen, was? Wie oft hast du mich deswegen schon eingelocht, hä? Wie oft? Wenn ich auch nur einen Moment Zeit hätte, würde ich es dir so richtig heimzahlen!«

»Du spinnst doch!«, brachte Morgan atemlos hervor. »Lass mich endlich los! Bist ja besoffen und …«

Doch Runar dachte nicht daran. »Was sagst du da? *Du* versoffenes Schwein! Sauf dich meinetwegen zu Tode, aber mach vorher gefälligst deinen Job und bring mir meine Tochter wieder!«

»Meinen Job?«, fluchte Carl hart auflachend. »Mein Job ist das schon lange nicht mehr!« Halbherzig versuchte er, sich aus der Umklammerung zu befreien. »Sag Hetland, er soll dir deine Tochter bringen!«

»Und Liv? Welches Arschloch hat sie umgebracht?«

»Weißt du es nicht? Vielleicht warst du es ja selbst. Oder dein Kumpel. Und was hast du überhaupt mit Liv zu schaffen, du Heuchler!« Carl schlug auf die kräftigen Unterarme, die ihn gepackt hielten. »Hast Frau und Kind! Passt nicht auf dein Kind auf und schlägst deine Frau! Und läufst Liv hinterher.« Stoßweise kamen die Worte.

»Das geht dich einen Scheißdreck an, was ich mit der Kleinen anstelle!« Als wäre ihm die Erinnerung unangenehm, wischte Runar die Bilder vor seinen Augen weg.

Eine Sekunde lang vergaß er den alten Polizisten, der die Chance nutzte und sich losriss. Doch anstatt sofort wegzulaufen, schnappte er zunächst nach Luft, um dann das Weite zu suchen. Runar bekam Morgan noch am Pullover zu packen, der unter seiner Kraft zerriss. Der Fleischer starrte auf die Wunde auf Carls Brust.

»Woher … Was zum Teufel … du Schwein! Du versoffenes Schwein! Du warst das!« Rasend vor Zorn nahm er den Kleineren in den Schwitzkasten. »Raus damit! Wo ist meine Tochter?« Er drückte zu.

Carl Morgan bekam keine Luft mehr. Blut staute sich in seinem Gesicht. Er japste und stieß Laute aus, die Runar an Lachen erinnerten. »Du hast sie doch nicht mehr alle!«, gurgelte Carl mit erstickter Stimme.

»Wo ist meine Kleine?« Runar drückte noch fester zu.

»Na komm! Drück noch fester zu!«, brachte Morgan kaum verständlich heraus. »Finden wirst du sie damit nicht!«

Runar brauchte ein paar Sekunden, um sein Urteil zu fällen. Carl Morgan musste mit der Sache zu tun haben. Dann packte ihn die blinde Wut. Er schleuderte Morgan aus dem Schwitzkasten, griff nach ihm und prügelte auf ihn ein. Heftige Schläge trafen den alten Mann, der bereits nach dem dritten ohne Gegenwehr zu Boden ging.

Mortensen stellte sich über ihn, riss ihn wieder hoch und schlug dem stark Blutenden wieder und wieder ins Gesicht. Jeder Schlag wurde von der Frage nach seiner Tochter begleitet. Doch Morgan war nicht mehr fähig zu antworten.

Kurz bevor der andere das Bewusstsein ganz verlieren konnte, hielt Runar ein. Er begriff, dass er nicht weiterkam, wenn er ihn hier totschlug. So würde er Aurora nicht finden, damit hatte der Alte recht.

»Hoch mit dir!«, grollte er und riss Morgan auf die Füße. Er blickte sich um und sah nicht weit entfernt das Hotel des Bürgermeisters. Runar hatte Paulsen schon einige lohnenswerte Geschäfte vermitteln können, also schuldete ihm dieser mehr als einen Gefallen. Der Bürgermeister würde ihm sicher helfen, aus Morgan herauszubekommen, wo sich Aurora befand. Er packte Morgan und schleifte ihn am Kragen über die Straße zum Hoteleingang.

38

Ann Christin schloss erschöpft ihre Zimmertür. In den letzten Stunden schien ihr nach und nach das ganze Dorf einen Besuch abgestattet zu haben. Die Leute brachten Kleidung, Dinge des täglichen Bedarfs, Spielzeug für Jan und die eine oder andere Neuigkeit. Doch je später es wurde, desto distanzierter gaben sich ihre Besucher. So zumindest war ihr Eindruck. Denn sie fragte jeden nach Erik und Aurora. Aber niemand konnte oder wollte etwas sagen. Verheimlichte man ihr etwas? War Erik etwa … hatte man ihn gefunden, und er war … war ihm etwas zugestoßen? Ann Christin spürte, wie ihre Beine zitterten und nachgeben wollten. Nein, an so etwas mochte sie nicht einmal denken.

Wieder klopfte es. Ann Christin wollte den Besucher schon ignorieren, öffnete dann aber doch. Es war ihre Schwägerin. Sie sah furchtbar aus. Das Gesicht blass und ausgezehrt. Die Haare zerzaust, die Lider schwer von dem starken Beruhigungsmittel. Dunkle Schatten lagen unter ihren Augen.

Ann Christin zog sie ins Zimmer, schloss die Tür und nahm Sigrid in den Arm. Haltlos fing die Schwägerin an zu weinen. Ann Christin führte sie zum Bett und setzte sich zu ihr, sprach beruhigend auf sie ein, wunderte sich, woher sie überhaupt noch die Kraft dazu nahm. In ihr selbst sah es nicht viel anders aus. Für Jan hielt sie noch durch und spielte die Zuversichtliche. Es war nur eine Frage der Zeit, bis sie zusammenbrechen würde, das wusste sie genau.

Jan schaute von seiner neuen Spielzeugkiste auf und blickte die Frauen fragend an. Er war ausgesprochen ruhig heute. Selbst jetzt war es Ann Christin wieder aufgefallen. Wäre der Anlass nicht so ein schrecklicher gewesen, hätte sie sich gefreut, wie ausgeglichen ihr Sohn wirkte. Aber vermutlich war er das nicht, sondern ebenso geschockt und verwirrt wie alle. Nur statt zu weinen, zog er sich zurück.

»Hast du Neuigkeiten?«, fragte Sigrid schluchzend und so zögernd, als fürchtete sie genau diese.

»Nein, leider nicht. Sie haben bisher weder Aurora noch Erik gefunden.«

»Gabi war eben bei mir«, erzählte Sigrid stockend.

»Ihre Tochter spielt immer mit Aurora, oder?«, fragte Ann Christin nach.

»Ja.« Erneut stockte sie und kämpfte gegen die Tränen. »Sie hat mir gesagt, was im Dorf erzählt wird. Es wird dir nicht gefallen …«

»Mir hat das Getratsche hier noch nie gefallen«, schimpfte Ann Christin und schickte Jan, der erschrocken hochsah, ein kurzes Lächeln. Er wandte sich wieder seinem Spielzeug zu.

»Sie sagen … wusstest du, dass Liv schwanger war?«

Ann Christin schüttelte überrascht den Kopf. »Nein. Oh Gott, das arme Ding … wusste Tor Einar davon?«

Sigrid schlug die Hände vors Gesicht. Ann Christin konnte sie kaum verstehen. »Sie sagen … sie sagen … Erik … hätte was mit ihr gehabt!«

»Was?!« Ann Christin sprang auf. »Das ist doch wohl das Hinterletzte! Erik würde nie …« Sie lief ein paar Schritte durch den Raum und hielt dann inne. »Erik hat überhaupt keinen Kontakt mit Liv gehabt! Dafür würde ich meine Hand ins Feuer legen!«

»Mama?«, fragte Jan plötzlich leise aus der Ecke.

Ann Christin fuhr herum und versuchte, sich zu beherrschen.

»Mama, Liv ist tot, oder?«

Ann Christin wollte ihm nichts vormachen. »Ja, Jan. Liv ist tot«, erwiderte sie kaum hörbar.

»Und Papa ist weg, oder?«

Ann Christin antwortete deutlich lauter als gewollt: »Nein, dein Vater ist nicht weg! Er sucht Aurora! Das hab ich dir doch schon ein paar Mal erklärt! Bald wird er wieder hier sein, ganz bestimmt!«

Jans Miene verzog sich schmollend. Dann fand er eine Schachtel Lego-Bausteine, riss sie auf und tauchte in seine eigene Welt ein.

39

Ole Nielson hielt Odin fest hinten am Kragen gepackt und riss mit der anderen Hand die Tür zur Wachstube auf, ohne die Tasche mit den gestohlenen Waren abzustellen. Doch statt Hetland oder zumindest Morgan anzutreffen, fand er den Raum leer. Odin atmete erleichtert auf. Nielson zögerte einen Moment. Vielleicht hätte sich Odin losreißen können, aber wohin hätte er fliehen sollen? Zurück ins Versteck? Unbeobachtet würde er nun sicher nicht mehr dorthin gelangen, dafür hatte er bereits zu viel Aufmerksamkeit erregt.

»Das ist ärgerlich«, meinte der Ladenbesitzer und überlegte kurz. »Nun gut, es ist zwar ein denkbar schlechter Zeitpunkt, aber wenn kein Polizist vor Ort ist, müssen wir eben zum Bürgermeister.«

»Gute Idee«, erwiderte Odin ironisch, »seine Tochter ist ja nun tot.«

»Den Hundesohn finden sie noch, verlass dich drauf!« Nielson zog Odin mit sich aus der Wache und unter den verwunderten Blicken einiger Anwohner weiter zum Hotel.

Die zum Hotel gehörende Bar war beinahe leer. Nur ein paar Handwerker, die nicht aus Kongesanger stammten, genossen ihren frühen Feierabend. Bürgermeister Paulsen saß auf der anderen Seite, an einem versteckten Ecktisch, hatte einen Schnaps vor sich stehen und starrte mit gebrochenen Augen vor sich hin. Seine wenigen Bewegungen bestanden einzig darin, den Schnaps hinunterzukippen, zur Flasche zu greifen und sich nachzuschenken.

Seit einigen Stunden saß er schon hier und versuchte zu begreifen, was geschehen war. Seine Tochter. Sein Kind. Seine geliebte Liv ... sie war tot. Sie würde nicht wiederkommen und mit ihrer heiteren Art die Gäste unterhalten. Jeder hatte sie gemocht. Das wusste Magnus Paulsen genau. Das Gerede der Leute ignorierte er. Niemals war seine Tochter ein Flittchen gewesen! Das war der blanke Neid auf ihre Schönheit sowie den Reichtum und das Ansehen, das er für seine Familie im Lauf der Jahre erworben hatte. Neider gab es immer. Aber dass sein Sohn ebenso schlecht von seiner Schwester dachte wie die anderen im Dorf, schmerzte Magnus sehr. Auch die Vorwürfe, er habe sich nicht genug um seine Kinder, insbesondere seine Tochter, gekümmert, jagten noch durch seine Gedanken.

Plötzlich gab es Tumult an der Tür. Magnus wollte eigentlich bei seinen trüben Gedanken bleiben, doch dieser Lärm ließ sich nicht ignorieren. Er blickte hinüber. Der Lebensmittelhändler hielt Odin Dahl am Kragen gepackt und sah sich suchend um. Als er Magnus ausmachte, nickte er und eilte auf ihn zu, ohne Dahl loszulassen.

»Tut mir leid, dich stören zu müssen, Magnus«, erklärte Nielson, »aber ich habe den Kerl hier beim Ladendiebstahl erwischt. In der Wache war niemand, schätze, die suchen noch nach den Vermissten.«

»Hat das nicht Zeit?«, fragte Magnus unwillig.

»Sicher«, stimmte Nielson zu. »Sobald du mir die heutige Anzeige bestätigt hast.«

Paulsen schüttelte resignierend den Kopf. Nielson war ein

feiner Kerl, aber sehr penibel, wenn es um seinen Besitz ging. Er hatte noch nie einen Diebstahl durchgehen lassen. Selbst Kleinkinder, die es im Beisein ihrer Mütter in einem unbeaufsichtigten Moment schafften, sich eine Traube, ein Bonbon oder sonst was in den Mund zu schieben, brachte er zur Anzeige. Doch was sollte die Polizei gegen strafunmündige Kinder und Bagatelldelikte unternehmen? Inzwischen achteten die meisten Mütter mit Argusaugen auf ihren Nachwuchs, wenn sie in seinem Laden waren.

»Also gut, mach es kurz.« Magnus ging zur Bar und ließ sich vom Barmann Papier und Stift geben. Zurück am Tisch bot er Nielson und Dahl mit einer Handbewegung Platz an. »Zuerst die Formalitäten …«

Nielson setzte sich und zwang Odin Dahl auf den anderen Stuhl. Der hielt den Blick gesenkt, sprach kein Wort und wirkte mehr als schuldbewusst. Nielson platzierte die Tasche, in der die gestohlenen Lebensmittel waren, mitten auf dem Tisch. Magnus blickte erst auf die Tasche, dann auffordernd zu Nielson. Der verstand und stellte sie auf den Boden. Magnus schüttelte den Kopf und schrieb die Namen der Anwesenden auf.

Kaum hatte er die ersten Worte notiert, polterte die nächste Person in den Raum: die Bankierswitwe Erika Nolte. Auch sie sah sich um und eilte auf Magnus zu, kaum dass sie ihn erkannt hatte. Er stöhnte innerlich auf.

»Bürgermeister! Magnus! Ich muss mit dir reden! Jetzt! Sofort!« Schnaufend hielt sie inne und rang nach Luft. So aufgebracht hatte er das Klatschweib lange nicht erlebt.

»Das muss noch einen Moment warten, Erika«, meinte Magnus und zwang sich zu einem Lächeln. Im Moment war ihm nach allem anderen zumute. Warum konnte man ihn in seiner Trauer nicht alleine lassen? Auch zeigte der Schnaps mehr Wirkung, als seinen Amtsgeschäften zuträglich war. Und gesundheitlich fühlte er sich überhaupt nicht gut. Das Herz schmerzte nicht nur vor Trauer. »Erst muss ich Nielsons Anzeige aufnehmen.«

Neugierig kam die Witwe näher und erkannte Odin Dahl. »Ach? Was hat der denn wieder angestellt? Hat man ihn endlich mal erwischt, ja?«

Magnus schaute von seinen Notizen auf. »Wieso endlich mal?«

Erikas Gestik ließ deutlich erkennen, was sie von Odin Dahl hielt. »Na, dieser Person kann man doch nicht vertrauen! Seit er wieder in Kongesanger ist, fühle ich mich in meinen eigenen vier Wänden nicht mehr sicher. Künstler! Ha! So einer weiß doch nicht mal, was Kunst ist! Und meine Ahnung hat mich wohl auch nicht getrogen.« Sie zeigte mit dem Finger auf Odin. »Der steckt bestimmt mit dem Bäcker unter einer Decke.«

Alle drei Männer starrten die Frau verwundert an. Im wörtlichen Sinn stimmte diese Aussage absolut – zumindest bislang, Odin wohnte schließlich bei Erik –, doch was wollte sie damit andeuten?

Nielson schüttelte den Kopf. »An Erik gibt es nichts auszusetzen. Er ist absolut in Ordnung. Sowohl als Mensch wie auch als Nachbar und Geschäftsmann.«

»So? Meinst du? Na, da habe ich aber ganz andere Informationen für dich. Und nachdem ich unseren Polizisten nicht angetroffen habe – dem ich in dieser Sache auch keine Objektivität zutraue«, sie wandte sich an Magnus, »komme ich mit meinen Informationen zu dir.«

»Und die wären?«, fragte Magnus.

»Nun«, druckste die Witwe plötzlich herum, »es fällt mir nicht leicht, dir das zu sagen – und ich möchte dir zuerst mein Bedauern zum Tod deiner Tochter aussprechen, aber …« Erneut zögerte sie. Vielleicht wollte sie auch nur die ungeteilte Aufmerksamkeit der Anwesenden. »Wusstest du, dass deine

Tochter schwanger war?«

»Schwanger?«, wiederholte Magnus heiser. Ein dicker Kloß schob sich seine Kehle hoch. Sein Kind sollte schwanger gewesen sein? Warum hatte Liv ihm das nicht erzählt? Hetland war ein guter Mann, und Magnus und Gunhild waren recht glücklich über die frische Beziehung der beiden gewesen. Wenn Liv eine Familie hätte gründen wollen, dann hätte sie dafür in ihm einen ehrbaren Mann gefunden.

»Und weiß es der Vater?«, fragte Nielson.

»Vermutlich. Deshalb hat er sie ja umgebracht!«, warf die Witwe die Information Beifall heischend in den Raum.

»Hetland hat Liv umgebracht?«, fragte Nielson ungläubig nach.

Sie schüttelte unwillig den Kopf. »Das habe ich nicht gesagt. Aber ich habe gehört, dass Erik Sommer was mit Liv hatte.«

Zum ersten Mal zeigte Odin eine Reaktion. Er sprang von seinem Stuhl und baute sich vor der Witwe auf, die vor seinem finsteren Blick erschrocken zurückwich.

»Das ist eine Lüge!«, stieß Odin aus. »Erik hatte ganz sicher nichts mit Liv!«

»Und … und woher willst du das denn wissen?« Erika Nolte tastete hinter sich und fühlte die Wand, an die sie sich haltsuchend lehnte.

»Weil …«, Odin drehte sich flüchtig zu Magnus um, wandte sich dann wieder der Witwe zu, »weil ich Erik besser kenne als du und die anderen verdammten Klatschtanten!«

Betroffen legte sie die flache Hand auf ihr Brustbein. »Oder hast du sie umgebracht?«, flüsterte die Witwe. Einen Moment lang überlegte sie angestrengt. »Magnus! Ich hab's … lasst ihn nicht entwischen und haltet ihn von mir fern!«

Nielson baute sich an der Tür auf, damit Odin nicht fliehen konnte. Das schien dieser allerdings auch nicht vorzuhaben.

Odins Schultern strafften sich. Er drehte sich zu Magnus

um. Seine Stimme klang stark und sicher. »Ach ja? Jetzt hältst du mich nicht nur für einen unfähigen Drogenjunkie, sondern auch für einen Mörder?«

Magnus musterte ihn genauer und wandte sich dann an Erika. »Wie kommst du drauf, dass Odin Dahl was mit Livs Tod zu schaffen haben könnte?«

»Sie wollte das Kind nicht austragen, hab ich gehört«, erklärte Erika.

»Sie wollte …« Magnus erstarrte. »Aber warum? Wir hätten uns doch über ein Enkelchen gefreut! Liv hätte doch keiner Fliege was …«

Die Witwe fiel ihm ins Wort: »Der hier … das ist bestimmt so ein Kurpfuscher! Ein Engelmacher! Sie ist sicherlich zu ihm gegangen, damit er ihr das Kind wegmacht. Und dabei hat er sie umgebracht. Und um das zu vertuschen, hat er ihr unten im Keller der Bäckerei den Schädel eingeschlagen und der Bäcker hat die Leiche dann versteckt. Da, wo ihr sie gefunden habt. Und den Schock hat der Sommer sicher nur vorgespielt. Und als man ihm dann auf die Schliche kam, hat er sein Haus angezündet, damit man keine Spuren von dem Mord findet und …«

»Halt verdammt noch mal den Mund!«, schrie Magnus die Witwe an. Er war außer sich vor Zorn. Der Dorftratsch war schon zu normalen Zeiten schwer auszuhalten, doch jetzt hatte wohl eine der chronisch gelangweilten Glucken komplett den Verstand verloren.

Erschrocken hielt sie sich die Hand vor den Mund und drückte sich noch enger an die Wand.

Magnus ging davon aus, dass das Meiste, was er gerade hatte hören müssen, der überdrehten Fantasie der Witwe entsprungen war. Sie war bekannt dafür, gut Bescheid zu wissen, insbesondere über die Finanzen der Bürger von Kongesanger – zumindest noch zu Lebzeiten ihres Mannes, des Bankdirektors. Nicht selten hatten Magnus und zuvor schon sein Vater von diesem Wissen profitiert. Der Auftritt gerade eben und die geäußerten Verdächtigungen waren hingegen letztklassig. Wie aus einem billigen Klatschblatt. Dennoch ließ ihn selbst die geringste Wahrscheinlichkeit, dem Mörder seiner Tochter gegenüberzustehen, die Fäuste ballen. Er wandte sich an Odin. »Stimmt auch nur eine einzige Vermutung dieser Person?«

Odin erwiderte den Blick fest, gab ihm aber keine Antwort. Diese Reaktion überraschte Magnus. War tatsächlich etwas dran an der verrückten Geschichte? Hatte Odin etwas mit Livs Tod zu tun?

40

Erik hatte kaum noch Kraft, die Hand zu heben, um gegen die Wand zu schlagen. Immer öfter zogen gleißende, bunte Feuerschlieren unmittelbar vor seinen Augen durch die Dunkelheit. Auch seine anderen Sinne schienen ihm einen Streich spielen zu wollen, denn zwischen den Schlägen war ihm, als hörte er das aufgeregte Fiepen eines Nagetiers. Jeder Schlag verursachte fürchterliche Kopfschmerzen, aber niemand reagierte. Vermutlich ging das Hämmern im allgegenwärtigen Knarzen des Bootes unter.

Er musste etwas tun. Er musste das Kind retten! Aber wie? Ihm fiel nichts mehr ein. Seine Gedanken wurden schwächer, schweiften ab. Sich zu konzentrieren war schier unmöglich. Erinnerungen tauchten an die Oberfläche. Bilder aus seinem Leben. Aus guten und schlechten Tagen. Sein Vater, der ihm die Angelrute zur Konfirmation schenkte. Die er bei sich führte, als er in den Fjord fuhr, und irgendwo verloren haben musste. Wie Blitze schoben sich grausige Bilder von Livs totem Körper davor. Hinterließen nur ein flüchtiges Abbild. Zusammenhanglos, wie ihm schien. Der zerschmetterte Schädel. Die Horrorbilder verliehen ihm Kraft, erneut kräftig gegen die Wand zu schlagen. Vergeblich. Niemand würde ihn hören.

Er dachte an Aurora. Sie hatte nichts getan. Warum sollte sie sterben? Wer dachte sich so etwas Verrücktes aus? Er wurde einfach nicht schlau aus dem Geschehenen. Überhaupt fiel es ihm immer schwerer, einen klaren Gedanken zu fassen. Er wusste nur noch eines: Er musste die Kleine retten. Koste es, was es wolle.

41

Niemand wagte, die eingetretene Stille zu unterbrechen oder Erika Noltes Worten zu glauben. Zu furchtbar wäre es gewesen, hätten sie der Wahrheit entsprochen. Livs Tod war noch nicht annähernd fassbar, kaum realisiert, und nun sollte sich Magnus ihrem mutmaßlichen Mörder gegenübersehen? Er sackte auf den nächstbesten Stuhl. Das war zu viel. Er winkte dem Barmann, der die unbeteiligten Gäste hinausschickte. Zögernd verließen sie die Bar.

Nielson schloss hinter dem Letzten die Tür ab. »Nun?«, fragte er dann, ohne die Augen von Odin zu lassen, der regungslos an seinem Platz stand.

»Wir müssen auf die Polizei aus Trondheim warten«, sagte Magnus mit ruhiger Stimme und versuchte, jede persönliche Gefühlsregung beiseitezuschieben, logisch und sachlich zu denken. »Tor Einar darf die Ermittlungen nicht führen, denn er ist persönlich betroffen. Und ich auch.«

»Aber ... aber ...«, ließ sich die Witwe vernehmen, »ihr könnt den da doch nicht laufen lassen!« Mit dem Zeigefinger deutete sie auf seine Brust, als könnte sie ihn damit aufspießen.

Magnus musterte Odin und schüttelte den Kopf. »Nein, können wir natürlich nicht. Wir müssen ihn rüber auf die

Wache bringen und in Gewahrsam nehmen, bis die Beamten aus Trondheim da sind. Wo steckt eigentlich Morgan?«

»Ich habe ihn heute noch nicht gesehen«, meinte Nielson. »Vermutlich ist er mit auf der Suche.«

»Ich kann dann wohl gehen, ja?«, meinte die Witwe. »Sobald die Polizei da ist, mache ich meine Aussage. Ihr habt ja den Schuldigen … den da. Bitte, ja?« Deutlich war ihr die Angst vor Odin anzusehen.

Magnus nickte, und Nielson öffnete ihr die Tür. Er ließ sie hinaus und wollte die Tür wieder schließen, da hörte er den erschrockenen Ausruf der Witwe. Gleich darauf wurde die Tür rabiat aufgezogen. Runar Mortensen schleppte einen halb bewusstlosen Mann mit sich, in dem Magnus den alten Dorfpolizisten erkannte. Er blutete und hätte sich aus eigener Kraft nicht mehr auf den Beinen halten können. Seine Kleidung war zerrissen.

Runar schleifte Carl zum Tisch des Bürgermeisters.

Magnus raffte sich mühsam von seinem Stuhl auf und musterte die Ankommenden. »Runar, was soll das hier? Hast du ihn so gefunden oder verprügelt?«

Fleischer Mortensen entledigte sich seiner Last, indem er den alten Polizisten zu Boden fallen ließ, ging hinter die Bar, griff nach der nächstbesten Flasche und nahm einen tiefen Schluck. Hasserfüllt blickte er den Bürgermeister an. »Der Mistkerl hat meine Tochter entführt! Und vermutlich noch viel mehr!«

»Was?« Fassungslos und ungläubig schaute Magnus auf Carl hinunter. »Was sagt er da?« Hatten jetzt alle den Verstand verloren? Waren womöglich bald zehn Schuldige in dem Raum? Fingen die Bewohner nun an, sich gegenseitig zu lynchen, egal, ob schuldig oder nicht? *Carl Morgan war ein ehrbarer Bürger und jahrzehntelanger Polizeichef, zum Teufel noch mal!*

Der alte Polizist versuchte auf die Knie zu kommen, doch

es gelang ihm nicht. Magnus widerstand dem Impuls, ihm dabei zu helfen, und wandte sich an Runar. »Woher ... wie kommst du drauf, dass Carl etwas mit Auroras Verschwinden zu tun haben soll?«

Statt einer Antwort riss Runar Carl auf die Füße und zeigte dem Bürgermeister die Wunden auf dessen Brust. Drei lange, tiefe Spuren, bereits von Schorf überzogen. Kratzer. Eigentlich zu groß für Kinderhände. Odin nutzte die Gelegenheit, um die Tasche mit den Lebensmitteln zu nehmen und sich ein paar Meter vom Geschehen zu entfernen.

»Die hat er sich ja wohl kaum selbst zugefügt, was? Ich wette, der Dreckskerl hat meine Tochter in seiner Gewalt! Aber das werde ich schon aus ihm herausprügeln!« Noch während er sprach, versetzte Runar dem alten Polizisten einen weiteren Schlag ins Gesicht. Morgan spuckte Blut.

Endlich ging Magnus dazwischen und hielt Runar zurück. Auch Nielson wollte eingreifen, doch der Bürgermeister wies ihn mit einer Handbewegung ab und wandte sich wieder an den Fleischer. »Lass das, Runar! So bekommen wir gar nichts aus ihm raus.« Dann sah er den malträtierten Polizisten an. Noch immer stand ihm der Unglauben ins Gesicht geschrieben. »Carl ... wir kennen uns jetzt so viele Jahre ... sag mir, dass das nicht wahr ist!«

Morgan schüttelte nur den Kopf, stemmte die Hände auf die Knie und schnappte nach Luft.

Runar fixierte inzwischen Odin und ging jetzt langsam auf ihn zu. »Wir zwei sind auch noch nicht fertig miteinander, mein Freund!«

Odins Miene verzog sich vor Hass. Nur selten ließ er eine wirkliche Regung erkennen, aber diese erschreckte sogar Magnus.

»Ach wirklich?«, erwiderte Dahl. »Wo willst du denn weitermachen? Als ihr mir die Fresse poliert habt oder neulich, als ihr ...«

Weiter kam er nicht. Ohne Vorwarnung schlug der Fleischer zu. Bewusstlos ging Dahl zu Boden.

»Runar!«, rief Magnus. »Das reicht! Drehen jetzt alle durch?« Er lockerte seinen Hemdkragen. Kalter Schweiß trat ihm aus allen Poren. Sein Herz raste. Er kippte den Schnaps, der noch auf dem Tisch stand. Das hier war nicht seine Aufgabe. Aber es war niemand da, der sie sonst übernehmen konnte. Niemals eskalierte eine Situation unter seiner Leitung! Er behielt immer die Kontrolle. Sie zu verlieren, wäre dem Eingeständnis seiner Hilflosigkeit gleichgekommen. Nichts war für ihn schlimmer, als hilflos zu sein. Außer natürlich, seine liebe Tochter zu verlieren.

Er brauchte einen Vertrauten. Da fiel ihm der alte Arzt ein, Noah Sørensen, der sich im Haus um seine Patienten kümmerte. »Ole, hol Noah«, verlangte er und stellte das Glas mit zitternden Händen ab. »Er ist oben bei Gunhild.«

Nielson musterte ihn besorgt, nickte dann und eilte hinaus.

»So, und jetzt zu uns, Carl.« Magnus blickte kopfschüttelnd auf den alten Beamten, der zwar nicht sein Freund war – als Feind hatte er ihn aber auch nie gesehen. Der Leiter der Polizei hatte seinen Auftrag stets buchstabengetreu im Sinne des Gesetzes erfüllt. Bis er seine Frau verloren und zu saufen begonnen hatte. Irgendwann war er untragbar geworden, und Magnus war nichts anderes übrig geblieben, als sich an höhere Stellen zu wenden und dort dessen Abberufung anzuregen. Seither ging es immer schneller bergab mit ihm. »Wo ist Aurora? Hast du etwas mit ihrem Verschwinden zu tun? Oder mit Livs Tod? Und wenn, um Gottes willen, warum?«

Morgan antwortete kaum hörbar. Er schien im Geiste nicht mehr hier zu sein. »Es ist zu spät.«

»Du verdammter …« Runar rannte zurück und packte Morgan erneut.

»Runar! Schluss jetzt!«, verlangte Magnus im Kommandoton. »Du willst doch deine Tochter retten, oder? Falls er wirklich etwas damit zu tun hat, wird er uns nichts sagen können, wenn du ihn bewusstlos schlägst.«

Widerwillig ließ Runar von dem alten Mann ab und stieß ihn von sich. Hart schlug Morgan auf dem Boden auf.

»Noch einmal, Carl«, fragte Magnus, »wo ist Aurora?«

»Zu spät. Es ist zu spät …«, brach es aus Morgan hervor. Gleich darauf erfasste ihn blinde Wut. Der Polizist stand auf, als hätte er plötzlich eine neue Energiequelle angezapft. Ein hasserfüllter Schrei gellte durch den Raum. »Na, wie fühlt sich das an, Bürgermeister?« Verächtlich sprach Morgan den Titel aus und spuckte Blut auf den Boden. »Wie fühlt es sich an, wenn man das eigene Kind verliert? Wenn man es nicht mehr retten kann? Zu spät, Bürgermeister!« Er drehte sich zu Runar um. »Na, wie fühlt es sich an, sein Kind nicht mehr retten zu können, du perverses Schwein?« Sein Blick ging wieder zu Magnus zurück. »Ihr habt mir meinen Anders genommen … toll war sie gesichert, deine Baustelle! Musstest ja unbedingt überall ein neues Loch aufreißen!« Erneut warf er Magnus einen hasserfüllten Blick zu. »Aber da war kein Zaun … da war nur ein billiges Absperrband. Du hast meinen Sohn auf dem Gewissen, du Mörder! Du Mörder!«

In diesem Moment kam Ole mit Noah in den Raum. Sie mussten die Beschimpfungen mit angehört haben und blieben wortlos an der Tür stehen. Magnus zuckte getroffen zusammen. Offensichtlich hatte Carl mit den Vorfällen zu tun. Ob er für Livs Tod verantwortlich war, würde sich herausstellen. Vor allem schien er zu wissen, was mit Aurora geschehen war – und wo sie steckte. *Es ist zu spät,* waren seine Worte gewesen. Freiwillig würde er ihnen kaum noch etwas verraten. Dieser Mann war auf Rachefeldzug. Magnus dachte nach und verließ den Raum. Es erübrigte sich, Runar zum Aufpasser zu machen. Noah würde schon dafür sorgen, dass die Situation nicht eskalierte.

Noah Sørensen hatte die lauten Stimmen bereits im Foyer gehört. Auf dem Weg nach unten hatte ihm Nielson nur kurz erklärt, dass seine ärztliche Hilfe gebraucht werde – Magnus gehe es nicht gut. Noah verwunderte das nicht. Seit der Nachricht von Livs Tod hatte Magnus seines Wissens nicht länger als eine Stunde am Stück geschlafen und jede medizinische Unterstützung verweigert. Noah hatte ihm vorgeworfen, seinem Kind wohl alsbald folgen zu wollen. Erst da war Magnus etwas ruhiger geworden.

Der Arzt blickte auf ein Chaos. Odin Dahl lag bewusstlos am Boden, Carl Morgan stand mit deutlichen Spuren einer Prügelei und hasserfülltem Gesicht im Raum, Magnus verließ kalkweiß und zittrig den Raum – er stand vermutlich kurz vor einem Infarkt –, und Runar glich einem Bären kurz vor dem Angriff.

»Du meine Güte, was ist denn hier los?« Ohne auf Antworten zu hoffen, eilte er zunächst zu Odin, der langsam aus seiner Bewusstlosigkeit erwachte, und tastete nach dessen Puls. Dann musterte er den sich immer deutlicher abzeichnenden Bluterguss am Kinn.

»Wer immer ihn geschlagen hat, hat ihm vermutlich den Kiefer gebrochen!« Noah blickte Runar strafend an.

Dieser schnaubte nur.

Noah eilte weiter zu Morgan, doch der schlug nach ihm und widersetzte sich jedem Hilfeversuch.

»Könnt ihr mir bitte erklären, was um Himmels willen hier vor sich geht? Seid ihr jetzt alle übergeschnappt?«, machte Noah seiner Verwunderung Luft.

»Der Kerl da hat meine Tochter entführt!«, antwortete Runar und zeigte auf Carl. Dieser entgegnete nichts. Mit versteinerter Miene starrte er Noah an.

»Was?«, stammelte Noah entsetzt. »Das kann ich nicht glauben! Wie ...«

In diesem Augenblick kam Magnus Paulsen zurück in seine Bar. Seine Haltung strotzte vor Entschlossenheit, auch wenn seine Hände, die die Pistole hielten, mit der er sonst Wölfe und andere wilde Tiere von seinem Haus fernhielt, heftig zitterten. Früher hatte Noah ihn öfter mit einem Gewehr angetroffen, wenn er auf die Jagd gegangen war, aber das war lange her.

Der Bürgermeister richtete die Waffe auf Carl. »Du wirst jetzt sofort sagen, wo Aurora ist! Auf der Stelle! Sonst ...«

»Magnus!«, warnte Noah. »Leg die Waffe weg! Das führt doch zu nichts!«

»Halt dich da raus!«, fauchte dieser, winkte Runar zu sich, nahm einen Stuhl und schob die vordere Kante an Carls Kniekehlen. »Hinsetzen!«, befahl Magnus. Runar drückte den ehemaligen Polizeichef hinunter und hielt ihn an den Schultern fest.

»Und jetzt sagst du mir, wo du Aurora versteckt hast«, wiederholte Magnus in bemüht ruhigem Tonfall. Sein Herz schlug viel zu schnell. Er konnte das Pulsieren in seinem Hals spüren. Er schwitzte und ihm schien, als würde sich eine Kette um seine Brust legen, die eine unsichtbare Kraft immer enger zuzog.

»Einen Teufel werde ich tun«, fauchte Carl. »Du hast meinen Anders auf deiner Baustelle sterben lassen!« Von hinten schlug Runar mit voller Wucht gegen Carls Kopf. Dieser sackte besinnungslos zur Seite.

»Runar, du verdammter Idiot!«, schrie Magnus. »So wirst du genau gar nichts erreichen! Willst du nicht wissen, wo deine Tochter ist, oder was?«

Der Fleischer ging hinter die Bar und füllte eine Karaffe mit eiskaltem Wasser, kam zurück und schüttete den Inhalt schwungvoll in Carls Gesicht. Dieser erlangte das Bewusstsein zurück, prustete, zwinkerte mehrmals angestrengt und schien die Situation plötzlich komisch zu finden. Kam es Magnus nur so vor oder grinste dieser Scheißkerl tatsächlich?

»Na warte!« Runar holte mit dem Krug aus, als wollte er wieder zuschlagen.

»Mortensen!«, zischte Magnus. Dieser verstand und beließ es bei der Drohgebärde.

»Und jetzt sagst du uns, wo du das Kind versteckt hast, sonst ...«

»Sonst *was*?«, lachte Carl. »Erschießt du mich dann? Toller Plan, *Bürgermeister*!«

Magnus spannte den Hahn seiner Pistole und drückte die Mündung an Carls Schläfe.

»Na los, schieß doch!«, sagte Carl ohne Zögern.

»Pass auf, sonst waren das deine letzten Worte!«

»Schön, dann soll es so sein! Bring mich um! So, wie du meinen Anders umgebracht hast! Komm, schieß!«

Magnus spürte, dass er diesen Kampf nicht gewinnen konnte. Er zitterte am ganzen Körper und fürchtete, jeden Moment umzukippen. Ein Schweißtropfen rann ihm von der Stirn auf die Nase und tropfte von dort auf den Boden. Hier saß ein Mann, der mit seinem Leben abgeschlossen hatte. Was sollte er jetzt tun? Er fühlte sich hilflos, und das hasste er.

»Nicht nachdenken, schießen!«, schrie Carl. »Oder brauchst du noch mehr, du feiger Hund? Große Klappe, nichts ...« Er stoppte mitten im Satz und schien zu überlegen. Dann fuhr er fort: »Willst du wissen, wie es war, die verfluchte Dorfhure zu töten? Deine saubere Tochter, Liv, die es mit jedem getrieben hat! Schön war es! Endlich spürst du, wie es sich anfühlt, sein Kind zu verlieren!«

Mit diesen Worten schloss Carl Morgan die Augen und erwartete, den Knall des Schusses als letztes Geräusch seines Lebens zu vernehmen.

Niemand achtete auf Odin, der mittlerweile wieder bei vollem Bewusstsein war. Selbst der stoische Lebensmittelhändler war von der Tür weggetreten, als Carl in scheinbarer Todessehnsucht den Mord an Liv gestand. Der Weg nach draußen war frei. Odin nahm die Tasche mit den Lebensmitteln und schlich zur Tür. Er hatte solche Szenen schon gesehen – nicht nur im Film. Er musste dieser Hölle entkommen. Um jeden Preis.

Leise öffnete er die Tür und zwängte sich hindurch, kaum dass der Spalt groß genug für ihn war. Ebenso leise und vorsichtig ließ er sie wieder ins Schloss gleiten. Erleichtert lehnte er sich einen Moment gegen das Türblatt und atmete tief durch. Sein Kiefer schmerzte höllisch. Er versuchte, ihn zu bewegen. Gebrochen war er wohl nicht, aber mit Sicherheit angeknackst.

Odin blickte sich im Foyer um. Niemand zu sehen. Unbemerkt konnte er nach draußen huschen. Er nutzte die Schleichwege, die er im Lauf der letzten Monate entdeckt hatte, um zu seinem Versteck zu kommen.

In der Bar war es still. Nur die Atemgeräusche verrieten, dass hier mehrere Menschen außer sich waren. Selbst Noah mit seinem klaren, analytischen Verstand wusste keinen Rat mehr. Angst stieg in ihm auf. Angst, eine Entwicklung, die völlig außer Kontrolle geraten war, nicht mehr aufhalten zu können.

»Magnus, bitte. Willst du wirklich selbst zum Mörder werden? Ist er das wert?«, fragte Noah so leise und besänftigend, wie es seine alten Stimmbänder hergaben.

Die Waffe zitterte so stark in den Händen des Bürgermeisters, dass er bereits mit den Fingern der linken Hand die rechte umschließen musste, um das Gewicht der Pistole halten zu können. Unverändert richtete er sie auf Morgan.

»Sobald er mir sagt, wo Aurora ist, übergebe ich ihn den

Behörden.« Für einen kurzen Moment sah er Noah bittend an. »Noah, versteh doch! Wir können nicht warten! Wir müssen das Kind retten!«

Plötzlich gaben seine Beine nach. Magnus Paulsen sackte zusammen. Die Pistole fiel hinunter, direkt vor Carls Füße. Dieser erkannte seine Chance, tauchte unter Runar weg, ließ sich blitzschnell auf den Boden gleiten, packte die Waffe und rollte sich auf den Rücken. Runar konnte sich nicht direkt auf Carl werfen, denn der Stuhl war dazwischen. Er stieß ihn zur Seite, doch es war zu spät. Carl drückte ab.

42

Odin hetzte durch die einsetzende Dämmerung. Der Nebel hatte wieder zugenommen. Man konnte kaum zehn Schritte weit sehen, selbst in den Gassen hatte er Einzug gehalten. Als würde er aus den Tiefen der Hölle aufsteigen und alles, was sich über ihm befand, verschlingen wollen.

Wieder in seinem Versteck angekommen, stopfte Odin sämtliche Nahrung, die nicht gekaut werden musste, in sich hinein. Von Schmerzen und neuen traumatischen Eindrücken geplagt, nahm das Verlangen nach einem neuerlichen Höhenflug überhand. Dieses Mal legte er sich auf die Matratze, bevor er sich den Schuss setzte und wegdriftete.

43

Erik schnappte nach Luft. Das Atmen fiel ihm schwer. Tonnen von Gewicht schienen auf seinen Brustkorb zu drücken. Sein Schädel fühlte sich an wie in einen unsichtbaren Schraubstock geklemmt, der sekündlich fester und fester gedreht wurde.

Nur langsam kam die Erinnerung daran, wo er sich befand, zurück. Bruchstücke davon. Eingesperrt. Dunkelheit. Aurora. Er musste wieder bewusstlos gewesen sein.

Aurora! Erik tastete nach dem Kind, doch es war nicht mehr an seiner Seite.

»Aurora?« Seine Stimme war kaum mehr als ein heiseres Kratzen. »Aurora?«

Keine Antwort.

44

Noah wähnte sich in einem Horrorfilm. Runar war getroffen worden. Ein Schuss in die Schulter. Die Wucht hatte ihn umgerissen, doch er wollte sofort wieder aufspringen.

Carl hielt die Pistole auf ihn gerichtet. »Schluss damit, Runar!«, fauchte er. »Sonst hast du heute deinen letzten Menschen verprügeln dürfen! Und jetzt alle da rüber an die Wand!« Er deutete mit der Waffe zu Noah und Ole. Diese taten, was er ihnen befohlen hatte. Mit schmerzverzerrtem Gesicht gelang es Carl erst im zweiten Versuch, auf die Beine zu kommen.

»Du auch, du Sau!«, schrie er und trat Magnus in den Bauch. Noah befürchtete, dass dieser gerade einen Herzinfarkt erlitten hatte. Auf den Knien rutschte Magnus zu den anderen.

»Gut so.« Carl machte eine lange Pause. Niemand wagte, einen Laut von sich zu geben. Dann fuhr er fort: »Na, wie fühlt es sich an, am Abgrund zu stehen?«

»Carl, bitte, es ist aus«, sagte Noah.

»Nichts ist aus. Aus ist es, wenn *ich* es sage!« Der Polizist a. D. überlegte und holte tief Luft. »Ihr habt mir alles genommen! Und jetzt nehme ich euch alles! Eure Kinder, eure Häuser, euer Leben! Na, Runar, wie geht es dir dabei, Aurora nicht mehr helfen zu können? Du wirst sie nie wiedersehen! Aber wenn du willst, schick ich dich gleich hinterher!«

»Du Schwein!«, schrie der Fleischer. Ole Nielson fasste ihn bei der gesunden Schulter und hielt ihn zurück. Obwohl dessen Kraft dafür kaum ausgereicht hätte, sah Runar wohl ein, dass er keine Chance gegen einen Polizisten mit Feuerwaffe im Anschlag hatte, und blieb auf seinem Platz.

Carl schien die Situation auszukosten. Er kicherte.

»Das ganze Dorf sucht nach dem Kind, Carl!«, erinnerte Noah ihn. »Früher oder später werden sie Aurora finden. So groß ist der Ort nicht, dass man ein Kind lange verstecken könnte. Komm, sag es uns, das wird sich mildernd auf deine Strafe auswirken.«

»Ach so?«, säuselte Carl amüsiert. »Meine Strafe? Aber ich muss dir recht geben, zweifacher Mord, Entführung und Brandstiftung wird sicher sehr viel milder bestraft als vierfacher Mord!«

»Vierfach? Wieso vierfach?«, fragte Noah.

»Na, lass mich zählen. Da wäre Liv, die Schlampe. Dann das Kind, außerdem Hetland und Sommer … macht vier! Oder irre ich mich?«

»Hetland und Sommer«, flüsterte der Arzt mit Entsetzen.

»Ja, die mussten ja unbedingt rumschnüffeln … was für ein dummer Zufall … die Idioten haben sich die Schlinge selbst um den Hals gelegt!«

Dann wandte er sich Magnus zu. »Und *du* bist schuld an allem. Du und deine verdammte Gier. Alles musstest du an dich reißen. Ein Haus nach dem anderen hast du dir geholt. Du hast die Menschen vertrieben. Sieh dir nur dieses scheußliche Hotel an. Alles hast du uns genommen. Alles hast du *mir* genommen!«

Magnus brauchte ein paar Momente, um antworten zu können. »Carl, ich … es war ein Unfall! Ein schreckliches Unglück! Du hast damals selbst gesagt, dass er wusste … ihr ihm verboten hattet … dass er den Steg nicht hätte betreten dürfen. Egal, ob

Zaun oder Trassenband, er wäre so oder so drübergeklettert.«

Morgan lachte bitter. »Ein Unfall, pah! Du hast ihn umgebracht! Und dann? Dann starb meine Emma. Und dann? Ich war mit Leib und Seele Polizist. Nur dir hab ich es zu verdanken, dass sie mich so früh in Rente geschickt haben. Ja, da bist du überrascht, was? Auch ich habe meine Verbindungen. Als *untragbar* hast du mich bezeichnet, als *rückständig*, als *Alkoholiker*. Du mit deinem Fortschrittswahn! Du hast mir alles genommen. Meinen kleinen Anders. Meine Emma. Ja – auch sie hast du auf dem Gewissen! Sie hat den Verlust nie verwunden. Und jetzt habe ich dir alles genommen. Den Rest hol ich mir auch noch! Ich mach euch alle fertig!« Er lachte wieder.

»Ja, es stimmt. Ich ließ dich abberufen, aber nicht wegen des Fortschritts, sondern weil du außer Saufen nichts mehr auf die Reihe bekommen hast!« Magnus Paulsen rang nach Luft, die rechte Hand auf seiner Brust. »Aber niemals hätte ich dein Kind getötet oder sterben lassen, Carl, niemals …«

»Das war deine Baufirma, die den Steg beim Umbau nicht richtig abgesperrt hatte! Nur darum konnte er ins Wasser stürzen. Du hast mir mein Kind genommen! Du hast mir meine Emma genommen! Du hast mir meinen Job genommen! Du hast mir alles genommen, du Schwein!« Morgans Stimme wurde immer lauter und überschlug sich zum Schluss. Dann wandte er sich an Runar. »Und du? Du hast alles gehabt, was ich jemals haben wollte! Hast du das verdient? Nein! Frau, Kind … und … und was machst du? Du verprügelst deine Frau und betrügst sie mit dieser Hure! Schade, dass das Feuer ganz umsonst war … ich hätte liebend gern gesehen, wie du hinter Gittern landest!«

»Du hast auch das Feuer gelegt?«, fragte Noah, der jetzt erst realisierte, was Carl zuvor schon mit aufgezählt hatte.

»Genial, nicht wahr? Frau und Kind flüchten vor dem brutalen Mann, und der steckt aus Rache den Zufluchtsort an!« Hasserfülltes Leuchten in den Augen. Genugtuung über den

Schmerz, den er dem Bürgermeister und Runar zugefügt hatte. Plötzlich senkten sich seine Mundwinkel. »Aber das Glück lässt sich eben nicht erzwingen. Nie hatte ich Glück. Zu den anderen kam es, aber nie zu uns. Womit hat Runar dieses Glück verdient, womit?«, fragte er die anderen.

Magnus schüttelte den Kopf und flüsterte wieder und wieder den Namen seiner Tochter. Runar, der mit geöffnetem Mund zugehört hatte, schien ein Loch in Carls Schädel starren zu wollen. Noah wurde sich der schrecklichen Tragweite und Dimension Carls geisteskranken Plans bewusst. Sie würden nichts mehr aus ihm herausbekommen. Nichts außer hasserfüllten Botschaften, die seinem Wahn entsprangen. Den Carl, den er gekannt hatte, gab es schon lange nicht mehr.

Carl Morgan spannte den Hahn. »Zeit, zu sterben!«

45

Jeder, der noch konnte, hob die Hände.

»Bitte, Carl. Es ist schon genug geschehen! Lass die Waffe fallen! Das bringt doch nichts!«, versuchte Noah, zu Carl Morgan durchzudringen.

Morgans Blick schien verschleiert. Die Augen waren unnatürlich weit geöffnet. Er trat zum Tisch hinter sich, griff in seine Hosentasche, nahm zwei Tabletten heraus, schob sie in seinen Mund und kippte einen kräftigen Schluck Schnaps hinterher.

»Cortison?«, fragte Noah.

»Kraftmacher«, antwortete Carl, »Jungbrunnen.«

»Wie viele hast du genommen?«

»Eine Menge.«

Noah ging im Geiste die möglichen Nebenwirkungen durch. Tabletten und hochprozentiger Alkohol. Das sah nicht besonders gut für Carl aus. Und da er mit den Worten »Zeit, zu sterben« die schussbereite Waffe auf sie gerichtet hatte, sah es auch für Magnus, Runar, Ole und ihn nicht gut aus.

»Da staunt ihr, was?« Carl lachte höhnisch. »Ein paar Tabletten mehr als verschrieben und schon bin ich wieder der Alte!« Er musterte die Waffe. »Eine gute Pistole. Aber nicht zu vergleichen mit meiner Dienstwaffe.« Seine Züge verzogen sich zur Grimasse, seinen hasserfüllten Blick richtete er ebenso wie die Waffe auf Magnus. »Die du mir gestohlen hast!«

»Carl«, versuchte Noah, abzulenken, »bitte, komm doch zur Vernunft! Die Tabletten, der Alkohol. Du bist im Moment nicht du selbst. Ruh dich erst mal aus, und dann reden wir über alles.« Er machte einen kleinen Schritt auf Carl zu. Sofort zielte die Waffe auf Noah.

»Oh nein, versuch es ja nicht«, warnte Carl, »sonst stirbt noch jemand, der hier gar nicht sterben müsste.«

»Wie hast du mein Kind getötet, Carl?«, fragte Magnus.

Noah lief es kalt den Rücken hinunter.

Carl wiegte den Kopf hin und her. »Eigentlich wollte ich sie auch nur entführen. Aber sie hat mir was vorgespielt und mich dann angegriffen. Hatte ich denn eine andere Wahl?«

»Daher die Kratzer?«, fragte Noah.

Carl fasste sich an die Brust. »Das verfluchte Biest! So schöne Haut. Abstoßend gekleidet, aber die Rose … so verlockend. Kurz vor der Blüte. Dabei war sie so falsch. Machte mir schöne Augen, nachdem ich sie in meiner Gewalt hatte, tat, als ob ihr das gefiele, und plötzlich wollte die Göre durchbrennen …« Sein Gesicht verzog sich. »Es hätte nicht so kommen müssen. Wisst ihr noch? Ich war hier mal wer. Man hat mich geachtet. Und jetzt seht euch an, was ihr aus mir gemacht habt. Zu spät.«

Noah befürchtete, dass es gleich zum Äußersten kommen würde. »Nein, Carl«, wagte er einzuwenden, »es ist nie zu spät. Sag uns doch bitte, wo Aurora ist. Was kann sie denn dafür? Sie hat doch noch ein ganzes Leben vor sich! Ein Leben! Bitte!«

Einen Moment lang sah es so aus, als würde Morgan umdenken, doch dann legte er den Finger auf den Abzug. »Nein. Auch Anders hatte noch ein ganzes Leben vor sich. Ihr sollt niemals vergessen, was ihr meiner Familie angetan habt.«

Es gab nichts mehr zu verlieren. »Was würde deine Emma dazu sagen, Carl?«, fragte Magnus.

»Lass meine Emma aus dem Spiel!«

»Deine Emma würde das niemals gutheißen«, sagte nun auch Noah. »Leg die Waffe weg und sag uns, wo das Kind ist.«

»Nein!«, schrie er. »Ich sag euch was: Ich verfluche euch! Ich verfluche euch und diesen Ort! Mögt ihr für immer in der Hölle schmoren!« Ruckartig zog Carl die Waffe hoch, hielt sie sich an die Schläfe und drückte ab, noch bevor einer der Männer eingreifen konnte.

»Nein!« Noahs gellender Schrei hallte zusammen mit dem Schuss durch das Hotel.

Selbst im Tod lag noch ein irres Grinsen auf Carl Morgans Gesicht. Noah senkte seinen Kopf, setzte sich und schloss die Augen. Morgans Tod bedeutete mit großer Wahrscheinlichkeit auch den Tod der kleinen Aurora.

46

Erik hatte alles in seiner Reichweite abgetastet. Keine Spur von Aurora. Niemand schien seine Schläge zu hören. Er hatte versagt. Was ihm noch blieb? Auf den Tod zu warten. Jede Hoffnung war vergeblich.

Er fühlte sich wie benebelt. Vermutlich eine Folge des Schlags auf den Kopf und des Blutverlusts oder des Sauerstoffmangels. Oder von beidem. Er hatte jedes Zeitgefühl verloren.

Bilder zogen an seinem inneren Auge vorbei. Erinnerungen. An seine Kindheit in Kongesanger. Seine Eltern. Seine Schwester. Seine Freunde. Was war ihm geblieben? Seine Eltern tot. Sein früherer Freund der prügelnde Ehemann seiner Schwester. Viele Bekannte und Freunde hatten den Ort schon lange verlassen. So wie Odin, der Außenseiter. Erik hatte sich immer um die Schwächeren gekümmert, war der ausgleichende Faktor, damals wie heute. Später dann, als Jugendlicher, als Runar nur noch Frauengeschichten im Kopf gehabt hatte, hatte er mehr Zeit mit Odin verbracht als mit allen anderen zusammen. Sie hatten ihre gemeinsame Liebe für Filme entdeckt, waren mit der Fähre rüber nach Trondheim ins Kino gefahren oder hatten sich Videos gekauft. Wieder und wieder hatten sie sich gemeinsam ihre Lieblingsfilme angesehen. Er versuchte, sich an einen

davon zu erinnern. Schnell fiel ihm einer ein. Auch die Lieblingsszene, die sie fast in Dauerschleife abgespielt hatten. Nur
diese Szene, nicht den ganzen Film. Erik veränderte den Rhythmus seiner Schläge. Die Abfolge zauberte ein müdes, schwaches
Lächeln in sein Gesicht. *Was für eine Ironie,* dachte er.

47

Für Carl Morgan kam jede Hilfe zu spät, er hatte ganze Arbeit geleistet. Noah war ebenso erschüttert wie Magnus. Dieser saß auf einer Bank, starrte vor sich hin und reagierte auf keine Ansprache. Noah hatte ihn untersucht und ihm ein Präparat für sein Herz verabreicht. Danach hatte er Runars Wunde versorgt und erleichtert festgestellt, dass das Projektil nicht mehr in dessen Schulter steckte, sondern an der Rückseite wieder ausgetreten war.

Im Gegensatz zum ersten Schuss hatte der zweite einen großen Tumult im Hotel und in der angrenzenden Nachbarschaft ausgelöst. Noah stellte Ole Nielson mit dem Auftrag vor die Tür, niemanden hereinzulassen.

Müde setzte er sich auf eine Bank und ließ sich telefonisch mit den Behörden in Trondheim verbinden. Einer musste ihnen ja mitteilen, was hier los war. Vielleicht konnte er auch schon in Erfahrung bringen, wann denn endlich Verstärkung kommen würde.

Nachdem Noah sich mühsam durchgefragt hatte, wurde er mit dem für Kongesangers polizeilichen Bezirk zuständigen Oberinspektor verbunden, der seinen Ohren nicht trauen wollte. Mord, Entführung und Brandstiftung im beschaulichen

Kongesanger? Der Ortspolizist Tor Einar Hetland entführt oder gar tot? Zwei weitere Personen vermisst? Der altgediente Carl Morgan soll ein Geisteskranker gewesen sein? Wer sprach hier noch mal? Ein Arzt? Nein, niemand habe um Verstärkung ersucht. Das alles komme völlig überraschend. Natürlich schicke man augenblicklich ein Ermittlungsteam los. Der Oberinspektor werde selbst dabei sein, um persönlich nach dem Rechten zu sehen.

Die Ungläubigkeit in der Stimme am anderen Ende der Leitung blieb Noah nicht verborgen. Er verübelte es dem Mann nicht. Dachte er über die Vorkommnisse der letzten Tage und über die vermutlich noch auszustehenden nach, zweifelte er genauso am Erlebten.

Der alte Arzt wusste nur eines: Egal, wie die Suche nach Aurora auch ausgehen würde – sobald die Polizei die Ermittlungen abgeschlossen hatte, würde er in den längst fälligen Ruhestand gehen. Ob es nun einen Nachfolger gab oder nicht. Das hier war nicht mehr seine Welt.

Die letzten Stunden und Tage hatten ihm deutlich gezeigt, wie kostbar das Leben war und wie schnell und unverhofft man es auf grausige Weise verlieren konnte. Eine Tatsache, die ihm als Arzt natürlich bewusst war, die er aber auf seine eigene Person bezogen leider stets seinem Pflichtbewusstsein hintangestellt hatte.

48

Odin dämmerte vor sich hin. Sein Körper wand sich im Rausch. Alles war gut.

Dam-tadada-dam … Dam-damm! Dam-tadada-dam … Dam-damm!

Ein Lächeln zog über sein Gesicht. Er träumte von Roger Rabbit. Dem Film, den er sich bestimmt tausendmal mit Erik angesehen hatte. Damals. Als die Welt noch ohne Drogen funktioniert hatte. Als sie jung gewesen waren.

Dam-tadada-dam …

Der Rhythmus ihrer gemeinsamen Lieblingsszene. Wieder und wieder hatten sie diese Stelle abgespielt, zurückgespult, laufen lassen und Tränen gelacht.

Dam-tadada-dam … Dam-damm!

Roger Rabbit kam auf Odin zu, zwickte ihn in die Wangen, hob ihn daran hoch und versetzte ihm einen kräftigen Schmatz, gefolgt von einer Ohrfeige.

Odin schreckte hoch. Was war Traum, was Realität? Halluzinierte er? Wieso hatte Roger Rabbit ihn geküsst und dann geohrfeigt? Und wieso hörte er immer noch diesen unwiderstehlichen Rhythmus? Odin rieb sich die Augen, schüttelte den Traum ab und versuchte, sich auf das Geräusch zu konzentrieren.

Da war es wieder! Dam-tadada-dam ... Dam-damm! Als würde jemand auf eine Basstrommel hämmern. Odin erschrak noch einmal. Dann durchschoss ihn die Erkenntnis. Das bedeutete, ein anderer war in der Nähe. Seine Gedanken führten ihn sofort zu Runar Mortensen und Sven Larsen. Wenn die beiden ihn in diesem Zustand finden würden, könnte er sein Testament machen. Sofern sie ihm die Zeit dazu ließen, was er bezweifelte. Mist.

Er mühte sich auf die Füße, so schnell es ging, taumelte zum Fenster und sah hinaus, doch es war niemand zu sehen. Erneut hörte er das Klopfen. Es musste von einem der rostigen Kähne kommen, die genau gegenüber vertäut waren.

Dam-tadada-dam ...

Erik! Das konnte doch nur Erik sein! Was machte er hier?

Odin holte seine Taschenlampe und folgte dem Geräusch, das schwächer geworden war, die Abstände zwischen den einzelnen Schlägen waren jetzt länger und unregelmäßiger. Schnell war ihm klar, aus welchem Boot das Signal kommen musste. Leise ging er an Bord, wo er das Klopfen nicht nur hörte, sondern auch unter seinen Füßen spürte. Er schlich in den Aufbau und stieg in den Rumpf hinab. Dort kämpfte er sich durch das unzureichend beleuchtete Chaos und stolperte über herumliegende Kisten und Gerätschaften, die gespenstische Schatten und Umrisse an die Wände warfen. Mehrmals war er versucht, umzukehren, aber sein Gefühl zwang ihn weiterzugehen, immer in Richtung der Schläge.

Schließlich stand er vor einer großen, weißen Box. Sie sah aus wie ein Kühlschrank für Riesen. Er lauschte. Da war es wieder, das Klopfen: Dam-tadada-dam ...

Odin riss den nächstbesten Gegenstand vom Boden und hämmerte die letzten beiden Schläge an die Wand des Behälters: Dam-damm! Roger Rabbit hätte seine Freude gehabt. Das Klopfen verstummte.

198

»Erik?«, schrie Odin. »Erik, bist du da drin? Hallo?« Sein Kiefer schmerzte. Keine Antwort. Hektisch sah Odin sich um. Es war zu dunkel, um wirklich etwas ausmachen zu können. Der kleine Lichtkegel seiner Lampe reichte nicht, um mehr als einen Quadratmeter zu beleuchten. Er tastete über die Außenwand und fand eine Tür. Allerdings hatte jemand den Mechanismus blockiert, indem er einen Schraubenschlüssel dazwischengeklemmt hatte. Odin zerrte daran und fluchte lautstark. Er riss sich die Finger an dem Werkzeug und dem rostigen Riegel auf, nahm den Schmerz aber nur am Rande wahr. Endlich konnte er den Schlüssel herausziehen. Die Tür war frei.

Mit aller Gewalt öffnete er sie. Etwas fiel ihm entgegen. Odin erschrak und leuchtete darauf. Es war Erik. Er regte sich nicht und blutete am Hinterkopf. Odin beugte sich zu ihm hinunter und fühlte nach seinem Puls. Da bemerkte er eine Bewegung. Er leuchtete hin. Etwas quiekte. Nur eine Ratte.

Odin atmete auf.

Er leuchtete tiefer in den Raum, um zu prüfen, ob noch weitere Personen gefangen waren, und sein Blick fiel auf einen leblosen Körper inmitten des Raums. Er trug eine Polizeiuniform und lag in einer riesigen Blutlache. Die Ratte hatte sich bereits an seinem Gesicht zu schaffen gemacht.

Odin schrie vor Entsetzen, stolperte zurück und übergab sich.

49

Das Erste, das er wahrnahm, war das Licht. Nicht das Licht, von dem ihm sein Vater erzählt hatte, sondern helles Sonnenlicht, das durch das Fenster herein und direkt auf sein Gesicht fiel. Die Wärme tat ihm gut. Ein vorsichtiges Lächeln schlich sich auf sein Gesicht.

»Mama! Papa wacht auf!«

Jan. Das war Jan. Sein Sohn. Anders als die Male zuvor kamen die Erinnerungen langsam, aber stetig zu Erik zurück. Er wusste, er lag nicht in seinem eigenen Schlafzimmer, nicht einmal in seinem Haus. Dieses war dem Brand zum Opfer gefallen. Er war auch nicht mehr in seinem dunklen Verlies gefangen. Jemand musste ihn noch rechtzeitig gefunden haben. Ihn und …

»Au-Aurora?« Das Sprechen fiel ihm schwer. Sein Mund war trocken, seine Kehle wie ausgedörrt. Er fühlte sich matt und schwach. Vermutlich der Blutverlust. Er hob die Hand und tastete vorsichtig an seinen Hinterkopf. Das strengte ihn mehr an, als er vermutet hatte. Ein dicker Verband lag um seinen Kopf herum.

»Papa, Onkel Noah hat dir einen Turban gebastelt! Er sagt, so was tragen die in Indien.«

»Wel-welche Farbe hat er denn?«, fragte Erik mühsam und kämpfte, um die Augen länger als für den Bruchteil einer Sekunde offen zu halten.

»Ach, nur weiß«, maulte Jan. »Darf ich ihn anmalen? Darf ich?«

»Erik! Endlich!«, rief eine vertraute Stimme.

Anni. Seine Anni. Mit einem weiteren Lächeln überwand er sich, die Augen offen zu halten. Sie sah ausgezehrt und übermüdet aus, aber es war seine Anni. Sie flüsterte mit Jan, und er lief kichernd aus dem Zimmer.

»Gott, ich hätte nicht gedacht, euch noch mal wiederzusehen«, flüsterte er heiser. »Wo ist Aurora? Sie war bei mir, aber dann ...«

»Sch...«, sagte Ann Christin beruhigend. »Sie ist wohlauf. Odin hat euch noch rechtzeitig gefunden. Sie war dehydriert und unterkühlt ... oh Gott, Erik, um ein Haar wärst du auch ...« Sie konnte es nicht aussprechen.

»Gestorben«, beendete Erik den Gedanken. »Anni, was ist nur passiert?«

»Es war Carl Morgan. Er hat Liv und Tor Einar getötet, Aurora entführt, dich niedergeschlagen und mit ihr eingesperrt. Und er hat unser Haus angezündet.«

»Carl? Aber das kann doch nicht sein. Sag mir, warum ...« Erik versuchte zu verstehen, doch Ann Christins Worte ergaben keinen Sinn. Er sah sie fragend an.

Ihr Blick senkte sich beschämt zu Boden. »Erik ... die Leute haben behauptet, du wärst mit Liv zusammmen gewesen.«

»Ich?« Mühsam versuchte Erik, sich zu erinnern. »Anni, ich schwöre dir ...«

»Du musst nichts schwören. Ich weiß inzwischen, dass du nichts mit der Sache zu tun hattest, aber ...«, erneut zögerte sie kurz, blickte ihn dann jedoch an, »obwohl ich es nicht glauben konnte oder wollte, hatte ich für einen Moment doch Zweifel an dir. Und dafür möchte ich mich entschuldigen.«

Erik griff nach ihrer Hand. »Musst du nicht.«

»Die Leute …«

»Lass die Leute reden. Wir haben uns.«

Ann Christin beugte sich weinend über Erik und drückte ihm einen Kuss auf die Stirn. Eine Träne fiel auf seine Wange. Sie strich sie mit dem Daumen weg und legte die Handfläche an Eriks Wange. Er schlief wieder ein.

50

Als die Polizei aus Trondheim samt Sanitätern eintraf, waren Aurora und Erik bereits frei und verarztet. Der Täter hatte sich selbst gerichtet.

Magnus Paulsen lag zusammen mit seiner Frau im Schlafzimmer seiner Hotelsuite. Sie würden sich beide – zumindest körperlich – erholen. Doch ihre Familie, die sie immer für heil gehalten hatten, war an der Realität zerbrochen. Liv war tot und Gunnar hatte angekündigt, sein Erbe ausschlagen und wegziehen zu wollen.

Dass gerade Odin die Vermissten finden würde, hätte nicht einmal Noah zu hoffen gewagt. Es erschien ihm fast wie ein Wunder, dass Erik das Martyrium in der Kühlkammer trotz dieser Verletzung überlebt hatte.

Der Schock, Tor Einar Hetland tot bei Erik zu finden, konnte die Freude über die Entdeckung der kleinen Aurora nicht schmälern. Der Arzt wusste, ohne Erik als Beistand hätte sie es nicht überlebt. Alleine schon deshalb, weil man sie nie gefunden hätte.

51

Noah blickte noch einmal in den Spiegel und zog sich die Krawatte zurecht. Er hatte etwas vor, das ihm eigentlich nicht zustand, und er war nervös. Aber es musste getan werden, um Kongesanger von Gerüchten und Zerwürfnissen zu befreien. Noah hatte eine Gemeindeversammlung einberufen, um alle Einwohner gemeinsam zu informieren. Reden zu schwingen oder vor großem Publikum zu sprechen, hatte ihm noch nie gelegen.

Er atmete noch einmal tief durch, wischte sich die schwitzenden Hände an den Hosenbeinen ab und trat hinaus auf die kleine Bühne, auf der sonst Veranstaltungen stattfanden oder Wahlreden gehalten wurden. Der Saal war voll. Alle Erwachsenen schienen gekommen zu sein. Die Bestuhlung reichte bei Weitem nicht aus. An den Wänden und vor den Türen reihten sich die Menschen. Der Lärm war fast unerträglich, vereinzelt waren Beschimpfungen zu hören. Das Mitteilungsbedürfnis der Kongesanger schien endlos.

Unbeholfen setzte sich Noah an den Tisch mit dem Mikrofon und räusperte sich. »Hallo, meine lieben Freunde und Mitbürger«, begrüßte er die Anwesenden. Das Gemurmel verstummte. »Ich habe, obwohl ich eigentlich gar nicht befugt dazu bin, diese Versammlung einberufen, um euch über die Umstände und Vorfälle der letzten Wochen wahrheitsgemäß zu informieren.«

Erste Zwischenrufe wurden laut. Noah ignorierte sie. »Bitte lasst mich in Ruhe sprechen. Ich werde, sofern möglich, hinterher gern Fragen beantworten.« Er machte eine kurze Pause. »Und um eines möchte ich euch noch bitten: Vergesst die Gerüchte. Vergesst die falschen Verdächtigungen. Vergesst, was euch in den letzten Tagen und Wochen zugetragen wurde. Vergesst bitte alles, was nicht dem entspricht, was ich euch jetzt zu sagen habe.« Ohne es zu wollen, sah Noah in Richtung der Witwe Erika Nolte. »Einige hier haben eine lebhafte Fantasie. Da wurden Zusammenhänge erfunden und die Wirklichkeit verdreht. Lasst Misstrauen und Zweifel unsere Gemeinschaft nicht weiter zerstören. Kongesanger würde daran zugrunde gehen. Und ich denke, ich spreche im Namen aller, wenn ich sage: Wir haben viel zu lange für eine Zukunft gekämpft, um unseren Ort aufzugeben. Doch dazu später mehr.«

Sich ein weiteres Mal räuspernd griff Noah nach dem bereitgestellten Glas und trank einen Schluck Wasser. Er hatte lange überlegt, wie er das Geschehene erklären sollte. Doch plötzlich schienen die Worte weg zu sein. Verlegen griff er in die Tasche seines Jacketts und holte seine Notizen hervor, glättete sie, setzte die Brille auf, die er zum Lesen brauchte, und konzentrierte sich auf den Text.

»Einige Menschen fehlen. Sie werden für lange Zeit oder nie wieder in unserer Mitte weilen.« Er machte eine kleine Pause. »Wie die meisten bereits wissen, ist Liv Paulsen tot. Wir kannten sie alle. Man hat sie geschätzt, geliebt oder verachtet. Sie hat unsere Gemeinschaft kräftig durcheinandergewirbelt. Doch es steht uns nicht zu, sie deswegen zu verurteilen.«

Noah rückte die Brille zurecht. »Liv Paulsen war schwanger. Der Vater des Kindes war vermutlich unser junger Polizist Tor

Einar Hetland. Auch er ist tot. Wie Liv wurde er brutal ermordet.«

Noah wartete das Raunen ab, das wie eine leise Welle durch den Saal glitt.

Mehrfach war der Name Odin Dahl in der Menge zu hören und Noah schüttelte seufzend den Kopf. »Ihr vermutet falsch. Dank Odin sind Erik Sommer und Aurora Mortensen überhaupt noch am Leben.«

Das folgende Raunen war deutlich lauter, und nun glaubte Noah, den Namen Runar zu vernehmen. Er entdeckte Sigrid in den Reihen der Zuhörer. Sie sank immer tiefer in ihren Sitz. Noah schickte ihr ein aufmunterndes Lächeln. Kaum jemand hier verstand, was für einen großen Mut es von ihr erfordert hatte, hier und heute überhaupt zu erscheinen. Sigrid war ein weiteres Opfer der Vorfälle, doch was zählten schon seelische Wunden? Vielleicht wäre es das Beste für sie und die kleine Aurora, Kongesanger zu verlassen und woanders neu anzufangen.

»Liv Paulsen wurde entführt und beim Fluchtversuch getötet.« Wieder das Raunen, das Noah diesmal aber mithilfe seiner erhobenen Stimme übertönte.

»Bevor ihr jetzt alle Namen durchprobiert, die euch einfallen, eines vorweg: Für alles, was in den letzten Tagen geschehen ist, gibt es nur einen einzigen Verantwortlichen: Carl Morgan.«

Noah hatte mit Zwischenrufen, staunendem Echo oder Unmutsäußerungen gerechnet, doch nun hätte man eine Stecknadel fallen hören können.

»Carl?«, fragte Erika Nolte schließlich leise.

»Carl. Der gesetzestreue, anständige Carl, über jeden Verdacht erhaben.« Noah gab sich kurz seinen Emotionen hin, riss sich aber gleich darauf zusammen. Es brachte nichts, die Gemeinschaft oder den toten Carl zu verspotten. *Die Menschen werden ihre Lektion auch so lernen*, sprach eine innere Stimme.

Er hoffte, sie werde recht behalten.

»Es gelang ihm, Liv in den Hafen zu locken.«

Noah setzte die Brille ab und wischte sich den Schweiß von der Stirn. Die folgenden Worte fielen ihm unendlich schwer. »Carl Morgan ist ebenfalls tot. Er war einmal mein Freund. Wir alle kannten ihn seit langer Zeit. Er war unser Polizist und ein guter noch dazu. Er war gerecht und fair, wenn auch manchmal ein engstirniger Paragrafenreiter. Aber er war anständig. Wenigstens während seiner aktiven Zeit. Doch dann veränderte er sich. Alles begann mit dem Tod seines Sohnes Anders. Dann starb Emma. Er begann, zu trinken. Dann wurde er vorzeitig in den Ruhestand beordert. Ich will ihn nicht in Schutz nehmen, aber die Kombination dieser Faktoren ist nur schwer verkraftbar. Er war auf einer Rachemission. Letztendlich richtete er sich selbst – vor unseren Augen.«

Noah setzte die Brille wieder auf und atmete tief durch, bevor er weiter aus seinen Notizen vortrug. »Wie die Spurensicherung ergab, lockte Carl Morgan Liv Paulsen in das Wrack. Liv muss ihm vertraut haben. Als sie Carls Absichten durchschaute, wollte sie fliehen …« Noah versuchte, die Bilder, die sich unwillkürlich vor seinem inneren Auge abzeichneten, zu unterdrücken, »doch Carl ließ sie nicht gehen. Er erschlug sie von hinten, mit einer Axt. Sie hatte keine Chance.« Noah ignorierte die Zwischenrufe. Er musste die Worte hinter sich bringen, bevor ihn seine Stimme verließ. »Carl Morgan brachte die Leiche dann hinaus in den Fjord. Dort wurde sie schließlich im Seitenarm an Land gespült.«

»Aber was ist mit Eriks Boot und der Angel?«, rief Nils Haugen.

Noah sah den Fischer scharf an. »Erik fuhr zum Fischen raus, zu der Stelle, die viele von uns kennen. Nicht wahr, Nils? Dort fand er die Leiche. Er ging an Land und drehte den Körper um. Livs Anblick muss ihn schwer geschockt haben. Wir fanden seine Angel am Ufer. Die Schnur hatte sich im Gestrüpp verheddert. Gut möglich, dass die Angel im Boot verkeilt war und Erik in Panik geriet, als er nach Kräften ruderte, das Boot sich aber nicht vom Ufer entfernte. Nils, du hast es am nächsten Morgen im Hafen treibend gefunden. Ein Ruder fehlte, nicht wahr?«

Nils Haugen nickte.

»Du bist dann zufällig zum selben Ort rausgefahren, mit der Absicht, dort zu fischen. Es war fast eine Ironie des Schicksals, dass du ausgerechnet Carl Morgan, den Täter, gebeten hast, dir zu helfen, findest du nicht? So fuhren wir drei dorthin und sicherten Livs Leiche. Erik Sommers Angel kam Carl Morgan gelegen, aber als guter Polizist wusste er, dass dies nicht als Beweis ausgereicht hätte. Um weiter von sich abzulenken, legte Morgan das Feuer in der Bäckerei. Wenige Stunden zuvor waren wir im Rahmen der Ermittlungen bei den Sommers, und Carl muss die Gelegenheit erkannt haben, wegen der Brandstiftung Runar zum Hauptverdächtigen zu machen. Schließlich waren Sigrid und Aurora auch bei …«

Noah bremste sich zu spät. Das ging die Gemeinde nichts an. Doch die Leute hatten bereits verstanden. Sigrid sank noch tiefer in ihren Stuhl. Er sah sie an und machte eine entschuldigende Geste.

»Wie durch ein Wunder wurde niemand verletzt. Zur gleichen Zeit verschwand die Tochter von Sigrid und Runar Mortensen – die kleine Aurora. Die behutsame Befragung des Kindes hat ergeben, dass sie vom Schwarzen Mann geholt wurde – und das war Carl Morgan. Er brachte sie zu dem Schiffswrack. Und zwar dorthin, wo er auch Liv verschleppt und dann ermordet hatte. Erik Sommer und Tor Einar Hetland entdeckten das Versteck. Carl, der sich noch auf dem Wrack aufhielt, erschlug den Polizisten. Vermutlich fehlte ihm die Kraft für einen weiteren tödlichen Schlag, sodass Erik nur schwer verletzt wurde. Er sperrte Hetlands Leiche zusammen mit Erik Sommer zu Aurora in die Kühlkammer.«

Noah atmete tief durch. »Wäre Tor Einar Hetland noch am Leben gewesen, hätte die Luft für alle drei nicht gereicht. Mit viel Glück und dank Odin Dahl überlebten Erik und Aurora. Das war mein Bericht.«

Er erbat sich noch einen Moment der Ruhe. »Ich habe noch eine persönliche Ankündigung zu machen, bevor wir dieses Treffen mit einem etwas erfreulicheren Anlass zum Abschluss bringen können.« Noah räusperte sich verlegen. »Ich war immer gern euer Arzt. Ihr wisst, es war mir bisher nicht möglich, in den Ruhestand zu gehen. Ich wollte euch nicht ohne ärztliche Versorgung lassen. Aber es geht nicht mehr. Ich werde mich deshalb zurückziehen. Die Vorfälle der letzten Tage haben mir deutlich gezeigt, dass das Leben nicht endlos ist. Mir als Arzt war dies zwar immer bewusst, aber als Mensch, der auch für sich selbst verantwortlich ist, hatte ich es vergessen. Ich habe meine Arbeit getan, und ich denke, ich habe sie gut getan. Deshalb werde ich mir selbst jetzt etwas Gutes tun und Kongesanger verlassen. Mein Rheuma verlangt nach einem wärmeren Klima und – ganz ehrlich«, er schmunzelte, »ihr würdet mich ja doch nicht in Ruhe lassen.«

Bille Haugen stand als Erste auf und klatschte in die Hände. Nach und nach taten es ihr die anderen gleich. Schließlich zollte die ganze Gemeinde Beifall. Seine Entscheidung wurde respektiert. Noah war gerührt.

»So, und nun habe ich die Ehre, noch etwas Erfreulicheres zu präsentieren – von euren Kindern. Sie haben ein Modell unseres Ortes geschaffen, wie sie ihn sich wünschen. Wie durch ein Wunder konnte es nahezu unversehrt aus der Bäckerei geborgen werden.« Noah lachte und bat mit einer Handbewegung, den Vorhang hinter ihm zu öffnen. »Nun gut, nicht jeder Wunsch wird erfüllt werden können, aber es sind auch groß-

212

artige Ideen darunter. Schaut selbst!«

Die Kinder von Kongesanger, vorneweg Jan Sommer, präsentierten das Modell des Ortes, wie sie ihn sahen. Deutlich war der Hotelpool zu erkennen, dazu die kleinen, bunten Legomännchen, Wandergruppen in den Bergen, Boote überladen mit angelnden Touristen, ein Kreuzfahrtschiff und vieles mehr. Alles war bunt und fröhlich, und Noah wünschte den Bewohnern von Kongesanger nichts mehr, als dass sie einen Teil dieser unbeschwerten Fröhlichkeit zurückerlangten. Es hatte sie gegeben, die guten Zeiten. Als die Schiffe der Fischfangflotte noch fuhren. Als Kongesanger wirtschaftlich noch gesund war. Nicht jeder im Ort verstand und unterstützte den Bürgermeister bei seinen Bemühungen, neue Einnahmequellen zu erschließen. Magnus Paulsen mochte dabei auch manch falschen Weg eingeschlagen haben, aber letztendlich zählte der Gedanke. Und jeder, wirklich jeder, konnte seinen Teil für eine gute Zukunft in Kongesanger beitragen. Die Zeit würde zeigen, wer dazu in der Lage war und wer nicht.

52

Ein paar Wochen waren vergangen. Der Winter war hereingebrochen und hatte dem Ort einen neuen Anstrich verpasst. Friedlich lag Kongesanger am verschneiten Briskefjord.

Die schrecklichen Ereignisse waren für einige Zeit *das* nationale und internationale Medienthema. Eine Schar von Reportern aus aller Welt fiel in das Dorf ein. Das Hotel der Paulsens war zum Bersten voll. So unvorstellbar das Geschehene auch sein mochte, die Schönheit der umliegenden Natur kam in Bildern und Reportagen voll zur Geltung. Die Buchungsanfragen für den kommenden Frühling häuften sich, und einige Dorfbewohner dachten bereits laut darüber nach, Bergwanderungen, Angelausflüge oder Kanutouren anbieten zu wollen. Es schien, als hätte der Ort den zündenden Funken gebraucht, auch wenn dieser alles andere als erfreulich gewesen war.

Mit den Journalisten kamen auch hohe Politiker in den Ort. Magnus und Noah ergriffen die Gelegenheit, um sie auf die wesentlichsten Missstände aufmerksam zu machen und nachdrücklich Verbesserungen zu fordern. Auch den Medien richteten sie aus, woran es in Kongesanger fehlte. Die öffentliche Empörung über die vernachlässigte medizinische und polizeiliche Versorgung war enorm. Wenige Tage später verkündete der norwegische Ministerpräsident im Fernsehen, dass in Zukunft wieder ein Dreierteam in Kongesanger für Recht und Ordnung sorgen und es auch die Mittel für die Einrichtung einer neuen, öffentlichen Ambulanz samt ärztlicher Versorgung geben werde. Kongesanger war nun Chefsache, und Magnus würde sich darum kümmern, dass es auch so blieb.

Erik Sommer stand vor der Ruine seines Elternhauses. Das Zentrum seines Lebens, das ihm stets Ruhepol und Wirkungsstätte gewesen war, gab es nicht mehr. Nicht alle seine Erinnerungen waren wiedergekehrt. Aber man hatte ihm glaubhaft versichert, dass er nichts mit den Morden zu tun hatte. Er sei einfach zur falschen Zeit am falschen Ort gewesen. Erik wünschte sich, seine eigenen Erinnerungen würden das bestätigen.

Er legte den Arm um seine Frau. Sie zitterte. Ihr Zustand hatte sich nur wenig verbessert, seitdem der Spuk ein Ende gefunden hatte. Jan schien die Ereignisse zum Glück wesentlich besser verkraftet zu haben.

Erik wollte das Haus nicht wiederaufbauen. Die Familie hatte beschlossen, nach Trondheim zu ziehen. Schon Anni zuliebe.

Ann Christin und Odin hatten sich ausgesöhnt. Sie mochten einander noch immer nicht, aber das war nicht wichtig. Zur Überraschung aller wollte Odin in Kongesanger bleiben. Gunhild Paulsen hatte ihn mit der künstlerischen Ausgestaltung des Hotels beauftragt – immerhin konnte er zartes Lachsrosé von Schweinchenrosa unterscheiden. Die neue Tätigkeit lenkte Odin von den Auswirkungen seines neuerlichen Entzugs ab. Magnus begrüßte die Unterstützung.

Runar Mortensen war so glücklich über die gerade noch rechtzeitige Entdeckung seiner kleinen Tochter, dass er Odin Dahl gegenüber äußerte, für immer in dessen Schuld zu stehen. Was auch immer er brauchte, Runar würde dafür Sorge tragen.

Die Ereignisse hatten den Fleischer schwer getroffen und nachdenklich gemacht. Er hielt Abstand zum Alkohol und zu Sven Larsen. Sigrid meinte, er sei wie ausgewechselt. Runar schien erkannt zu haben, was – und wer – im Leben wirklich wichtig war. Jedenfalls hoffte Erik das. Sigrid wollte ihm noch eine letzte Chance geben. Nutzte er sie nicht, würden Ann Christin und er für Sigrid und Aurora ein Plätzchen haben und sie mit offenen Armen bei sich aufnehmen.

Die Sommers jedoch brauchten einen Neuanfang. Von der Fähre aus lächelte Erik seinem Heimatort noch einmal zu. Nichts wünschte er Kongesanger und seinen Bewohnern mehr als eine gute Zukunft.

JETZT VON HALVAR BECK VORBE-STELLBAR: INSEL 77 (THRILLER)

Eine Bohrinsel im Sturm. Eine Frau in der Falle.

Die junge Ärztin Kristin Jørgensen hat erst vor wenigen Monaten ihren Job als Leiterin der Krankenstation auf der Insel 77, einer Nordsee-Bohrinsel, aufgenommen. Ihr Bruder Marius arbeitet dort schon seit Jahren. Gemeinsam wollen sie aufs norwegische Festland zurückfliegen, um den Geburtstag ihres Vaters zu feiern – es könnte sein letzter sein. Doch Marius ist nicht wie geplant an Bord des Helikopters. Alle Kontaktversuche bleiben erfolglos.

Kristin ist zutiefst beunruhigt, erst recht als sie erfährt, dass es in der Vergangenheit schon andere ungeklärte Fälle von vermissten Personen auf der Insel 77 gab. Sie macht sich auf die Suche nach der Wahrheit – zurück auf die von heftigen Stürmen umtoste Bohrinsel – und gerät selbst in größte Gefahr.

Zeitfracht Medien GmbH
Ferdinand-Jühlke-Straße 7
99095 Erfurt, Deutschland
produktsicherheit@kolibri360.de

Druck:
CPI Druckdienstleistungen GmbH
im Auftrag der
Zeitfracht Medien GmbH
Ein Unternehmen der Zeitfracht - Gruppe
Ferdinand-Jühlke-Str. 7
99095 Erfurt